Ateliers
RENOV'LIVRES S.A.
2002

MUSÉE LITTÉRAIRE DU SIÈCLE, A 20 CENTIMES LA LIVRAISON

EUGÈNE SCRIBE

CARLO BROSCHI

Prix : 50 cent.

PARIS
MICHEL LÉVY FRÈRES, LIBRAIRES-ÉDITEURS
RUE VIVIENNE, 2 BIS
BUREAUX DU JOURNAL LE SIÈCLE, RUE DU CROISSANT, 16
1853

CARLO BROSCHI

PAR
EUGÈNE SCRIBE

Une jeune fille entra sur la pointe du pied et s'arrêta. Juanita dormait d'un sommeil pénible et agité; l'air était lourd et brûlant. La jeune fille ouvrit doucement les persiennes, d'où l'œil embrassait la ville et la campagne de Grenade. A sa droite, et sur les ruines d'une mosquée, s'élevait l'église de Sainte-Hélène; devant elle un parc à la française étendait ses carrés symétriques et ses bassins octogones aux lieux où brillaient jadis les beaux jardins du Généralife avec leurs ombrages centenaires, leurs eaux bouillonnantes, et leurs minarets où flottait l'étendard des Abencerrages. Maintenant l'ancien palais des rois maures servait de villa, de retraite, et bientôt peut-être de tombeau à une jeune femme qui dormait, pâle et abattue, sur son lit de douleur. Juanita, comtesse de Popoli, avait à peine vingt-cinq ans, et sa beauté, célèbre dans les cours de Naples et d'Espagne, l'avait fait surnommer par les peintres du temps la Vénus napolitaine. Jamais titre ne fut mieux mérité ; car, à une physionomie enchanteresse, aux traits réguliers et parfaits, elle joignait ce sourire gracieux auquel on ne peut résister, ce charme indéfinissable qui vient de l'âme ; beauté céleste que les chagrins ne sauraient altérer, et que le temps même ne peut détruire !... Lors des efforts infructueux qu'a fit le peuple de Naples pour secouer le joug de l'Espagne, le comte et la comtesse de Popoli avaient été grandement compromis, et cette femme, si faible en apparence, s'était fait admirer par son énergie et son courage. Veuve maintenant, maîtresse de sa main et d'une immense fortune, entourée de soins et d'hommages, elle seule semblait ne pas savoir qu'elle était riche, qu'elle était belle... Et personne en effet ne pouvait mieux qu'elle se passer de ces dons... Elle n'en avait pas besoin pour se faire aimer !...

En ce moment une sueur légère couvrait ce front si pur et si élégant ; sa poitrine oppressée se soulevait avec peine, sa bouche murmurait un nom que l'on ne pouvait distinguer ; et, de ses yeux fermés par le sommeil, s'échappait une larme qui retombait sur ses joues belles et pâles. La jeune fille poussa un cri et se précipita à genoux près du canapé où reposait Juanita. Celle-ci s'éveilla, et jetant autour d'elle un regard plein de bonté, elle tendit la main à sa jeune sœur en lui disant : Que me veux-tu ?

— Ah ! s'écria Isabelle, tu souffrais, Juanita ?
— Oui ! toujours ! Mais qu'importe ! il s'agit de toi... Qui t'amène ?
— Je ne sais... je voulais te parler... et puis je t'ai regardée... j'ai tout oublié... même Fernand, mon prétendu... car je me le rappelle maintenant... c'est pour lui que je venais... il est là qui voudrait te faire ses adieux.
— Ses adieux !... s'écria Juanita en se levant sur son séant, quand je devais aujourd'hui même m'entendre pour votre mariage avec son père, le duc de Carvajal !... Pourquoi partirait-il ?
— Ah ! dit Isabelle avec un soupir, il ne faut pas l'en blâmer : c'est ce qu'il aura fait de mieux dans sa vie.
— Comment ! est-ce que tu ne l'aimerais pas ?
— Si vraiment !... c'est-à-dire pas beaucoup jusqu'ici, car ma seule passion, c'est toi, ma sœur ! tu le sais bien... Mais je reconnais maintenant que Fernand est un noble jeune homme, un excellent cœur... Et je crois décidément que je l'aime.
— Depuis quand ?
— Depuis ce matin... Depuis qu'il a refusé de m'épouser !

Et Isabelle avait un air de satisfaction et de fierté dont Juanita ne put obtenir l'explication. Elle fit entrer Fernand. C'était un jeune et joli cavalier, dans la fleur de l'âge, aux beaux cheveux blonds bouclés, portant avec élégance un manteau bleu de ciel et une épée dont la poignée en or était richement ciselée. Dans ses yeux expressifs brillait la fierté espagnole, tempérée par la grâce et l'abandon de la jeunesse. Le duc de Carvajal, son père, était un des premiers seigneurs de la province de Grenade. Des intrigues de cour et le crédit de l'Ensenada, ministre de Ferdinand VI, l'avaient depuis longtemps éloigné de Madrid, et arrêté dans sa carrière politique. Ne pouvant plus être puissant, il avait voulu être riche, et l'avarice chez lui avait succédé à l'ambition. Une passion console d'une autre. Le duc avait rêvé pour son fils unique un mariage opulent, et Isabelle semblait le meilleur parti de Grenade, à lui, parce qu'elle était riche, à Fernand, parce qu'il l'adorait. Isabelle était loin d'avoir la beauté de sa sœur; les dames trouvaient même qu'elle n'était pas jolie. Mais elle avait de la grâce et du charme; une imagination vive, ardente, impressionnable, facile à exalter : qualités ou défauts que son éducation avait singulièrement développés, car elle avait passé presque toute sa jeunesse au couvent! C'est dans le silence et la solitude que naissent les illusions et les idées romanesques; c'est dans le monde qu'elles se détruisent et se dissipent. Comme toutes les jeunes filles des grandes familles de ce temps-là, sortie du cloître pour se marier, elle avait accueilli d'abord avec joie les hommages de Fernand, parce qu'on lui avait dit qu'il descendait par sa mère du Cid de Bivar, l'amant de Chimène, et il lui semblait qu'une telle origine devait nécessairement faire naître quelques aventures et quelques pages bien intéressantes. Mais quand elle vit que le descendant du Cid se bornait à l'adorer de tout son cœur et de toutes ses forces, à le lui dire hautement, et à demander sa main à sa sœur avec le consentement de son père, son exaltation de jeune fille diminua beaucoup... Et lorsque le mariage eut été convenu de part et d'autre, sans retards et surtout sans obstacles, il lui sembla que tout cela ne s'était point passé régulièrement, que le roman de sa vie était manqué, et qu'on en avait retranché les premiers volumes; aussi, en rendant justice aux bonnes qualités de Fernand, elle voyait approcher sans impatience un bonheur qui lui avait coûté si peu de peine.

Pour son fiancé, il n'en était pas de même. Il semblait que ce jour-là n'arriverait jamais au gré de ses vœux. L'idée du moindre retard le mettait hors de lui; et, sans la maladie de Juanita et son état presque désespéré, le mariage eût été depuis longtemps célébré. Et c'était ce même jeune homme, cet amant si ardent, si empressé, qui renonçait à toutes ses espérances, et venait prendre congé de sa fiancée. En vain Juanita voulait connaître la cause de ce brusque départ.

— Je vous défends de parler, s'écriait Isabelle! mon amour est à ce prix. Je vous aime et n'aimerai que vous; je vous serai fidèle et vous attendrai toute ma vie s'il le faut; mais vous ne direz rien à ma sœur : je le veux!

— Et moi, je veux qu'il parle, disait Juanita avec sa douce voix, et en retenant par la main ce beau-frère qui ne voulait plus l'être. Pâle et troublé, Fernand jetait sur elle un regard suppliant, opprimé qu'il était par une puissance chérie et tyrannique qu'il n'osait braver. Il allait s'éloigner avec son secret, lorsque ce mystère fatal et impénétrable fut tout à coup dévoilé, au grand désespoir d'Isabelle, de la manière la plus naturelle et la plus bourgeoise.

Parut à la porte du salon un homme en pourpoint noir, qui n'osait entrer. C'était le seigneur Manuel Périco, notaire royal de la ville de Grenade, et homme d'affaires du duc de Carvajal. Il apportait à la comtesse de Popoli le contrat de mariage.

Isabelle tressaillit. Fernand s'élança vers le notaire, et voulut saisir le papier que l'on présentait à la comtesse. Mais celle-ci s'en était déjà emparée, et le parcourait des yeux.

— C'est bien! disait-elle; ce sont les articles dont nous étions convenus avec monsieur le duc... La dot que j'assure à ma sœur... Ah! dit-elle avec surprise... Et une légère rougeur couvrit ses joues d'ordinaire si pâles... Voici des conditions dont on ne m'avait jamais rien dit! Les connaissiez-vous, Fernand?

— Oui, madame! reprit le noble jeune homme en balbutiant; mon père m'avait prié de ne vous en parler. Je m'y étais refusé; et, comme c'était la condition qu'il mettait à son consentement, j'ai renoncé à ce mariage. Je viens vous demander pardon pour mon père, et vous faire mes adieux.

En disant ces mots, sa voix faiblit; mais Isabelle lui tendit la main avec une expression de tendresse, et Fernand se hâta d'essuyer les larmes qu'il n'avait pu retenir.

Pendant ce temps, maître Périco, le notaire, était debout, tenait une plume et ne disait rien. Juanita achevait tranquillement la lecture du contrat.

C'était un bruit généralement répandu dans la ville que la belle comtesse de Popoli était depuis longtemps attaquée de la poitrine. Elle seule sans doute l'ignorait; car elle négligeait tout ce qui aurait pu prolonger ses jours. C'était à son insu, et presque malgré elle, que sa jeune sœur l'environnait de soins dont elle lui dérobait la cause, voulant du moins, si elle ne pouvait la sauver, lui cacher jusqu'au dernier moment l'arrêt fatal dont elle était menacée; car les médecins de Grenade, qui prétendaient ne se tromper jamais, avaient annoncé que la comtesse n'irait pas plus loin que la chute des feuilles, et l'on était alors au mois de septembre. Or, le duc de Carvajal, en homme prudent, avait ajouté au contrat les deux clauses suivantes : 1º que la comtesse s'engagerait à ne pas se remarier; 2º qu'en cas de mort, tous ses biens, tant en Espagne que dans le royaume de Naples, reviendraient à sa sœur cadette.

— Nous ne voulons point de telles conditions! s'écrièrent à la fois les deux jeunes gens.

— Elles sont absurdes et impossibles! ajouta Isabelle. Pourquoi donc enchaîner ta liberté? Tu es jeune; tu dois te remarier et donner à celui que tu choisiras de longues années de bonheur. Quant à ta succession, continua-t-elle en essayant de sourire, tu es l'aînée de si peu, que nous vivrons, je l'espère, et que nous mourrons ensemble.

Et elle lui arracha des mains le contrat qu'elle remit à Fernand. Celui-ci le déchira et en jeta les morceaux sur le tapis.

Juanita regarda les jeunes gens, leur sourit, leur tendit la main, et dit avec douceur au notaire :

— Maître Périco, ayez la bonté de refaire ce contrat tel qu'il était, et de me le rapporter demain... Maintenant, laissez-nous, je veux rester seule avec eux.

Le notaire sortit, et les fiancés tombèrent tous deux aux pieds de Juanita.

— Écoutez-moi, leur dit-elle en les relevant, votre mariage se fera. Et ne m'en remerciez pas, ajouta-t-elle vivement. Les conditions que l'on m'impose ne me coûtent rien. Depuis longtemps j'ai juré à moi-même et à Dieu de ne pas me remarier; je tiendrai ce serment. Quant à mes biens, tous ceux dont je pouvais disposer, je les ai donnés en dot à ma sœur; pour les autres, qui sont les plus considérables, je ne suis pas sûre qu'ils soient à moi.

Les deux jeunes gens firent un geste de surprise, et Juanita continua lentement et avec émotion :

— Si jamais je représente une certaine personne que je cherche, et que je n'ai pu revoir, toute cette fortune lui appartient; et, après moi, Fernand, il faudra la lui rendre... Vous me le jurez; je m'en fie à votre honneur. Si cette personne ne reparait pas, tous ces biens sont à vous et à ma sœur.

— Expliquez-vous, de grâce! s'écria Fernand.

— Ah! c'est là un grand et funeste secret, que vous seuls connaîtrez... mais il le faut... Il le faut avant de partir, et le départ est peut-être très prochain!... Ne m'interrompez pas! s'écria-t-elle en voyant l'émotion de sa sœur. C'est un bien long récit, et j'ignore si mes forces y suffiront. Mais quand j'aurai besoin de repos, je vous le dirai... je m'arrêterai.

Et assise entre ses deux jeunes amis, la comtesse commença en ces termes :

II.

« Ma sœur et moi nous sommes nées dans le royaume de Naples, qui alors était une province espagnole. Nous perdîmes nos parents de bonne heure, et restâmes sous la tutelle de notre grand-oncle, le duc d'Arcos, dont je vous ferai pas le portrait : il n'est que trop connu. Dans sa jeunesse, il avait été vice-roi de Naples, et sa dureté, son inflexible rigueur, avaient poussé au désespoir et à la révolte un peuple malheureux qu'il traitait en esclave. C'est sous son gouvernement qu'avait eu lieu cette révolution d'une semaine, pendant laquelle le pêcheur Mazaniello, roi par le peuple et massacré par lui, avait été traîné dans un égoût, et le huitième jour, triste exemple de la reconnaissance populaire, porté en triomphe à la cathédrale pour y être canonisé. Le duc d'Arcos revenu au pouvoir ne fut ni plus habile, ni plus clément. Le seul regret et le seul enseignement qui lui restèrent de cette catastrophe, c'est qu'il n'avait pas été assez sévère ; il redoubla ses rigueurs, qu'il appelait des *rigueurs salutaires*. C'était son seul système politique, il n'en connaissait pas d'autres ; et, lorsque enfin la clameur publique força le roi d'Espagne à lui donner un successeur, il se retira en gémissant sur la faiblesse de son souverain, qui ne lui laissait pas achever la tâche glorieuse qu'il avait entreprise. Dans l'exil où le suivit la malédiction du peuple, il porta une conscience calme et tranquille, le contentement de lui-même et la conviction intime du bien qu'il avait fait.

» A l'époque où il nous prit avec lui, notre grand-oncle avait près de quatre-vingts ans ; il était toujours le même. Ses opinions et son caractère n'avaient changé en rien. Il n'avait jamais pardonné à mon père, qui s'était marié sans son assentiment, et ma mère était morte sans qu'il eût voulu la voir. En ce moment cependant, se voyant seul et sans famille, ou plutôt sans tyrannie à exercer, il avait, dans le dénûment de domination où il se trouvait alors, pris le parti d'élever pour son plaisir ses deux petites nièces. Il décida, en nous voyant, qu'Isabelle, qui avait, je crois, trois ou quatre ans, devait avoir une vocation religieuse. Il la mit au couvent della Pieta. Moi, qui étais plus âgée de quelques années, il me garda avec lui, dans l'intention de m'établir un jour à son gré.

» Je passerai rapidement sur mes premières années, qui furent les plus tristes du monde, séparée de ma sœur que je ne voyais jamais, renfermée dans un lugubre et magnifique château dont je ne pouvais franchir l'enceinte, et élevée chaque jour dans la crainte de Dieu et surtout de mon grand-oncle, dont l'aspect et la voix me faisaient trembler. Il s'en apercevait très bien et ne s'en fâchait pas. Au contraire, il voyait toujours avec une espèce d'amour-propre et de satisfaction intérieure l'effroi général qu'il inspirait. La peur était la seule flatterie à laquelle il fût sensible. C'était le meilleur moyen de lui faire sa cour ; et, sans le vouloir, j'étais au mieux avec lui.

» Je n'avais qu'un plaisir, une distraction : c'était mon maître de musique, un habile organiste, un Napolitain d'une cinquantaine d'années, dont l'enthousiasme, les gestes surabondans, et surtout la perruque, excitaient mes éclats de rire, les seuls qui eussent jamais retenti dans cette sombre demeure. Gherardo Broschi était un véritable artiste qui ne manquait ni de talent, et encore moins d'amour-propre. Mais la passion de son art lui avait troublé la cervelle ; il ne rêvait et ne parlait que musique ; il ne vous abordait qu'en chantant, et souvent il ne répondait à mon oncle lui-même qu'en récitatif. Conteur et hâbleur, il avait toujours des histoires incroyables à nous débiter sur ses aventures dans les cours de l'Europe, sur les marquises ou duchesses qui avaient été ses écolières. A l'entendre, l'amour lui avait toujours fait négliger la fortune, qui depuis longtemps prenait sa revanche ; car le pauvre diable n'avait alors pour tout bien que sa gaîté, ses cavatines, son habit noir râpé, et cette perruque prodigieuse qui faisait son bonheur.

» Un jour, et contre son ordinaire, il entra dans ma chambre sans chanter. Je le regardai avec inquiétude :

» — Vous êtes malade, Gherardo, lui dis-je.

» — Non, signorina ; mais voilà un grand malheur qui m'arrive : des places, des dignités, des honneurs... Je n'y survivrai pas... Et pourtant je ne puis refuser.

» — Qu'est-ce donc ? une grande dame qui vous enlève ?

» — Mieux que cela ! un roi, un empereur.

» Il me raconta alors que le czar Pierre le Grand recrutait à nous dans toute l'Europe et des artistes en Italie. Il voulait former une musique pour ses régimens et pour sa chapelle, et l'on faisait à Gherardo, qui n'avait rien, des offres très avantageuses pour aller en Russie.

» Je ne concevais pas alors d'où venaient sa tristesse et son air mélancolique. Je me persuadai que c'était le regret de me quitter ; mais Gherardo avait trop de franchise pour me le laisser croire. Il avait un fils, son seul amour !... après la musique !... un enfant charmant, qui, d'après les demi-confidences de Gherardo, était le fils de quelque grande dame, de quelque princesse, à qui il avait donné des leçons de musique. Ce qu'il y avait de certain, c'est que Gherardo était un excellent père, qu'il adorait le petit Carlo, son fils, et qu'il se serait privé de tout, même de sa guitare, pour lui donner un jouet ou un habit neuf. Ce qu'on ne pouvait aussi révoquer en doute, c'est que le pauvre enfant était souffrant, maladif, c'est que le soleil de Naples était nécessaire à son existence. Voilà ce qui causait les alarmes de Gherardo. Emmener son fils sous le ciel glacé de la Russie, c'était le tuer ! et s'en séparer était impossible ! A qui le confier ? qui en prendrait soin ? que deviendrait-il ?... Et il pleurait !... et moi aussi, de voir des larmes sur cette physionomie qui d'ordinaire m'inspirait tant de joie !...

» Ce jour-là par bonheur était le jour de fête du duc d'Arcos ; le soir, je m'en souviens encore, quoique je n'eusse guère alors qu'une dizaine d'années, mon oncle me dit de cette voix terrible qui me glaçait toujours de frayeur :

» — Allons, Juanita ! amuse-moi ! chante-moi une barcarole !

» — Oui, signora, s'écria vivement Gherardo, à qui la musique faisait tout oublier. Chantons l'air de Porpora : *O pescator felice*.

» Mon oncle fronça le sourcil ; car, depuis la révolte de Mazaniello, il ne pouvait entendre prononcer le mot de pêcheur. Cependant, comme dans la cavatine de Porpora le *Pescator felice* finissait par faire naufrage, cet heureux dénoûment, plus encore sans doute que la manière dont je le chantai, fit un tel plaisir à mon oncle qu'il s'écria :

» — Brava ! brava ! Demande-moi ce que tu voudras, je te l'accorde pour ma fête !

» Je me jetai à ses pieds, et je le suppliai de prendre avec lui et d'élever au château le petit Carlo, qui était à peu près de mon âge. Dans l'attente de sa réponse, Gherardo n'osait respirer ; et moi, pâle et oppressée, je tremblais de tous mes membres... effroi qui charma sans doute mon grand-oncle, car il nous dit avec une douceur inaccoutumée :

» — Un noble Espagnol n'a que sa parole ; je tiendrai la mienne. Carlo est désormais de la maison ; c'est un page que je mets à ton service.

» Je ne vous peindrai pas la joie ni la reconnaissance du pauvre Gherardo. Il partit heureux et tranquille ; et pendant trois mois il nous écrivit très exactement. Il avait eu à la cour de Russie un succès prodigieux. L'épouse de Pierre le Grand, l'impératrice Catherine, l'avait nommé son maître de chapelle et l'avait attaché à sa personne. Mais, la quatrième année, il cessa de nous écrire. Avait-il succombé à la rigueur du climat ? L'amour, qui partout nuisait à sa fortune, lui avait-il encore fait enlever quelque princesse russe ? C'est qu'il nous fut impossible de découvrir ; car depuis nous ne reçûmes de lui aucune nouvelle, et on n'entendit plus parler du pauvre Gherardo, mon maître de musique.

» Pendant ce temps, Carlo, son fils, s'élevait dans la maison de mon oncle ; et moi, j'étais enchantée et ravie de mon jeune page. Sa santé faible et chancelante s'était affermie, sa taille s'était développée. Quoique bien jeune encore, ses traits offraient tant de noblesse et de régularité, que mon maître de dessin, le signor Lasca, peintre distingué, le prenait pour modèle de toutes les figures d'anges et de chérubins dont il décorait le salon de mon oncle ; et le pauvre enfant était obligé de poser devant lui des heures entières, au lieu d'aller jouer et courir dans le parc. Du reste, depuis le duc d'Arcos jusqu'aux dernières personnes du château, tout le monde, excepté moi, lui faisait rudement sentir la dépendance où il était. Modeste et résigné, il gardait le silence, ne se plaignait jamais... pas même à moi, et ne versait pas une larme ; mais parfois il y avait dans ses yeux noirs, qu'il levait vers le ciel, une expression de douleur et de fierté indéfinissable.

» Il y avait encore au château une autre personne dont il faut que je vous parle. C'était le secrétaire de mon oncle, Théobaldo Cecchi, un jeune homme de cœur et de mérite, digne dès-lors du rang qu'il a occupé depuis. Fils d'un paysan calabrais, quelques leçons de théologie qu'il avait reçues du curé de son village lui avaient donné le désir de s'instruire. Doué d'une volonté ferme et inébranlable, religieux par caractère, et confiant dans la Providence, il avait quitté la cabane de sa mère, était venu à pied à Naples, s'y était fait lazzarone, portefaix ; et l'argent qu'il gagnait le matin dans cet état, il l'employait le soir à payer des maîtres et de la science. Il passait la nuit courbé sur les livres, et avait ainsi usé ses forces et sa santé. Pâle, maigre, le teint jaune, le front ridé, Théobaldo, qui à peine alors avait vingt ans, semblait en avoir soixante ; mais il était déjà un des hommes les plus instruits de l'Italie en histoire et en théologie, et connaissait parfaitement plusieurs langues. Malgré tout son savoir, inconnu à Naples, où il gagnait à peine de quoi vivre ; il avait accepté la place de secrétaire du duc d'Arcos, qu'un ami lui avait fait obtenir. Il envoyait à sa mère sous ses appointements, qui montaient à deux cents ducats, et restait enseveli dans ce vieux château, où ses fonctions se bornaient à écrire sous la dictée de mon oncle, et à me donner des leçons de français et d'allemand. Le reste de la journée, il s'enfermait dans la bibliothèque du château pour travailler.

» Sombre et sévère, mais rempli d'une piété solide et éclairée, qui n'excluait pas l'indulgence, lui seul parlait avec intérêt et bonté à Carlo, que chacun traitait en domestique, et dont les fonctions cependant étaient celles de page dans les grandes maisons. A table, il était debout près de moi, me versant à boire et me présentant après dîner l'aiguière et la coupe en cristal. Le matin, il rangeait mes livres et mes papiers ; et, pendant que Théobaldo me donnait leçon, il se tenait derrière mon fauteuil, attentif et silencieux, attendant mes ordres. Doux et timide, il n'osait me parler de sa reconnaissance, mais tout me la prouvait. Il obéissait avec empressement à mes moindres caprices, portait mon ouvrage, mes gants, mon éventail, et dans les grands jours, la queue de ma jupe ! Grâce à ses soins, les plus belles fleurs du parc ornaient ma cheminée, ou brillaient à ma ceinture. Mon oncle, avec ses vingt domestiques, était moins bien servi que moi par mon beau et jeune page ! Et j'étais fière surtout, moi enfant, habituée à obéir, de pouvoir à mon tour exercer sur quelqu'un un empire absolu, empire dont mon âge tempérait la sévérité, car je le prenais souvent pour le compagnon de mes jeux ; et, dans les heures de récréation, la maîtresse et le page oubliaient souvent les distances.

» Un jour entre autres, je me souviens que, dans le grand salon du château, je lui avais commandé de faire avec moi une partie de volant ; et, en avançant ou reculant, nous nous trouvâmes, sans le savoir, près d'un vase en verre de Bohême d'un travail admirable, où étaient représentées les armoiries de la maison d'Arcos. Mon oncle y tenait tellement qu'il nous était expressément défendu d'y toucher et même de le regarder. Mais un coup de raquette lancé étourdiment par moi, fit voler en éclats le fragile chef-d'œuvre, dont les débris roulèrent à nos pieds. La foudre serait tombée que je n'aurais pas été plus épouvantée ! Je laissai échapper ma raquette : et, prête à me trouver mal, je m'appuyai sur une console, tandis que Carlo se hâtait de ramasser les morceaux épars, comme s'il eût été en son pouvoir de leur rendre leur forme première. Tout à coup nous entendîmes dans la pièce voisine la terrible voix de mon grand-oncle, qui tonnait à mon oreille comme celle du jugement dernier !... Ah ! l'on ne meurt pas de frayeur, puisque j'eus encore la force de me précipiter vers une porte de côté. — Va-t'en ! va-t'en ! — criais-je à Carlo. Pour moi, j'étais déjà cachée dans mon appartement et enfermée aux verroux, me persuadant que je pouvais ainsi empêcher la colère de mon oncle de parvenir jusqu'à moi.

» Il paraît que, moins agile, Carlo n'avait pu me suivre : car il était encore dans le salon quand la porte s'ouvrit et entra le duc d'Arcos, en grand costume, son chapeau sur la tête et sa canne à pomme d'or à la main.

» Ses yeux se portèrent à l'instant sur les preuves du crime, qui jonchaient le parquet. Carlo pâlit, mais il resta droit et immobile en voyant le duc s'avancer vers lui. — Qui a brisé ce vase ? Carlo garda le silence. — Qui a brisé ce vase ? répéta le duc d'une voix foudroyante, en brandissant sa canne. — C'est moi ! répondit timidement le généreux Carlo... Et le duc allait le frapper, quand parut Théobaldo. Il courut à mon oncle, chercha à l'apaiser ; et, au risque d'attirer sur lui l'orage, osa lui représenter qu'il avait tort de se mettre ainsi en colère contre un enfant. — Tort ! — A ce mot, la fureur du duc ne connut plus de bornes.

» — Et si je te chassais de ma maison, si je te châtiais toi-même, cria-t-il en levant le bras sur Théobaldo ?

» — Vous auriez deux fois tort, répliqua froidement celui-ci.

» En disant ces mots, il prit respectueusement la canne des mains tremblantes du vieillard, et la jeta par la fenêtre.

» La colère de mon oncle s'était élevée trop haut ; elle ne pouvait plus monter. Anéanti par ce sang-froid, il tomba sur un fauteuil sans pouvoir trouver une parole ; mais il sonna, fit signe à son majordome d'emmener Carlo, et celui-ci, en sortant, jeta vers Théobaldo un regard de reconnaissance qui disait : A vous désormais de corps et d'âme ?... Et il tint parole.

» Moi, pendant ce temps, je n'osais sortir de ma chambre. Il fallait cependant descendre à l'heure du dîner. Mon oncle était seul dans la salle à manger, sombre et silencieux. A quelques pas derrière lui Carlo pâle et se soutenant à peine ; mais ses yeux étaient si brillans, sa physionomie avait pris à ma vue une telle expression de joie, que je crus d'abord que tout s'était passé le mieux du monde, et que mon oncle ne savait rien. Que devins-je le soir, quand j'appris que le pauvre enfant avait été emmené par le majordome, dépouillé de ses habits et fustigé jusqu'au sang ; et la douleur ne lui avait arraché ni une plainte ni une parole ? Je poussai un cri d'indignation ; je courus à Carlo ; je voulais tout avouer.

» — A quoi bon ? A exciter de nouveau la colère de votre oncle, qui, grâce au ciel, ajouta-t-il en souriant tristement, est enfin apaisée.

» — Mais moi, Carlo, lui dis-je, que puis-je faire maintenant pour m'acquitter envers toi ?

» — Vous taire, signora, et ne pas gâter mon bonheur !

» Vous vous doutez que, dès ce moment, Carlo devint mon protégé, mon favori, mon plus fidèle serviteur. Jamais aussi dévouement ne fut pareil au sien. Sa seule occupation était de chercher à lire dans mes yeux pour y deviner mes ordres et prévenir mes désirs. Mon oncle lui commandait souvent... Moi, je n'en avais pas besoin.

» Quant à Théobaldo, dès le soir même de cette scène, il avait voulu sortir du château. Mon oncle, qui avait besoin de ses services (car il était alors en correspondance avec plusieurs princes d'Allemagne), lui ordonna impérieusement de rester, et Théobaldo, bravant ses ordres, se préparait à partir. Mais moi, désolée de le perdre, je le priai à mains jointes de ne pas nous quitter... et il hésitait.

» — Ah ! m'écriai-je en pleurant, je n'aurai donc plus d'ami !

» Et il resta.

» Brusque et sévère avec tout le monde, Théobaldo était pour moi plein de bonté et d'indulgence. Quelque ennuyeuses que fussent ses fonctions de précepteur, rien ne pouvait lasser sa patience, que je mettais souvent à de rudes épreuves, surtout dans l'étude des langues étrangères. J'apprenais le français avec quelque facilité, mais l'allemand, auquel mon oncle tenait spécialement, me causait un ennui mortel, et même, après plusieurs mois d'efforts, ne pouvant me mettre dans la tête un seul mot de cet idiome, qui, à moi Italienne, me semblait barbare, j'avais supplié Théobaldo d'interrompre nos leçons. Il y avait consenti, à condition que j'en préviendrais le duc d'Arcos. Je le promis ; mais je n'osai jamais.

» Une ou deux fois, me trouvant seule avec mon oncle, il me demanda si mes études d'allemand m'ennuyaient encore. Je balbutiai et répondis :

» — Plus maintenant.

» — Tu commences donc à comprendre cette langue ?

» Je me rappelai que le duc n'en savait pas un mot, ce qui me donna un grand courage, et je répondis bravement :

» — Oui, mon oncle, à merveille !

» Mais voilà qu'une semaine où Théobaldo était absent du château (il s'était rendu quelques jours près de sa mère, dangereusement malade), voilà qu'arrive pour mon oncle une lettre du margrave d'Anspach, lettre confidentielle, trois grandes pages de l'allemand le plus difficile et le plus effrayant qui fût au monde.

» — Qu'y a-t-il là-dedans ? me dit-il. Lis-moi cela.

» Vous jugez de mon embarras... Je retournai dans tous les sens la malencontreuse épître... et je ne pus trouver d'autre excuse que celle-ci :

» — C'est bien long à traduire.

» — N'est-ce que cela ? Je te donne jusqu'à ce soir...

» La difficulté n'était pas dans le temps. Je remontai à ma chambre, où je passai quelques heures à pleurer et à maudire le margrave d'Anspach. Le dîner sonna. Je laissai la lettre sur ma table, et descendis plus morte que vive.

» — Est-ce fini ? me demanda mon oncle.

» Je baissai la tête sans répondre, silence qu'il prit sans doute pour une affirmation ; et je ne puis vous dire de quel tremblement je fus saisie, lorsque, le soir, après le dîner, il demanda :

» — Où est cette lettre ?

» — Sur ma table, répondis-je en recommandant mon âme à Dieu.

» Car telle était ma terreur aux approches de la tempête, qu'il m'eût été impossible de proférer une parole, de peur d'en avancer le moment. Pour comble d'humiliation, Théobaldo, qui venait d'arriver, entra dans le salon. Mon oncle lui raconta ce dont il s'agissait.

» — Et voilà, lui dit-il en prenant la lettre que Carlo venait de descendre, voilà votre écolière qui va nous lire sa traduction ! Suivez sur le texte, et voyez si elle est exacte.

» Il y avait deux papiers, il m'en remit un et donna l'autre à mon professeur, dont l'inquiétude égalait la mienne. Il se troublait, il pâlissait, incertain si, dans mon intérêt, il devait parler ou se taire... Mais son étonnement redoubla et le mien aussi, lorsque, jetant les yeux sur le papier remis dans mes mains, j'y vis la lettre du margrave lisiblement et parfaitement traduite. Je lus à haute voix ; et Théobaldo, suivant sur l'original, ne put retenir plusieurs fois des exclamations de surprise, que mon oncle prit pour des cris d'admiration. Et moi, me voyant sauvée et m'expliquant que par un miracle un bonheur que ma raison ne pouvait comprendre, je demandai en moi-même : Quel Dieu secourable, quelle bonne fée est venue à mon aide et veille ainsi sur moi ?

— Mais pardon, mes amis, pardon ! dit la comtesse d'une voix affaiblie. Ces souvenirs de mon enfance m'ont entraînée plus loin que je ne voulais... je n'ai plus la force de continuer...

Et sa sœur, qui plusieurs fois déjà avait cherché à l'interrompre, lui imposa silence et tendit la main à Fernand, en lui disant ; A demain.

III.

Le lendemain, la comtesse continua son récit :

» Mon oncle était sorti de l'appartement ; Théobaldo et moi nous nous regardions encore, interdits, ne pouvant nous rendre compte de cette aventure magique et surnaturelle ; car excepté mon précepteur qui venait d'arriver, personne au château ne comprenait l'allemand... pas même moi qui l'apprenais depuis une année. Carlo, debout dans un coin, nous regardait en souriant ; et s'adressant à Théobaldo :

» — Eh! quoi, maître, lui dit-il, ne devinez-vous pas que vous avez ici un élève de plus, qui vous doit le bonheur d'avoir été utile à sa bienfaitrice ?

» Théobaldo resta stupéfait, car cette phrase venait d'être prononcée dans l'allemand le plus pur. Et moi je m'écriais :

» — Comment, Carlo, cette traduction est de vous ? et d'où vous vient cette science ?

» — C'est, celle dont vous ne vouliez pas, et que j'ai dérobée, nous dit-il. Me pardonnerez-vous tous les deux un larcin que vous auriez toujours ignoré, sans l'occasion qui s'est présentée aujourd'hui de vous restituer ce que je vous dois.

» En effet, depuis trois ans, témoin assidu et silencieux de toutes les leçons que je recevais, Carlo en avait profité autant et bien mieux que moi. Dès qu'il était seul et livré à lui-même, ce qui lui arrivait les deux tiers de la journée, il employait à l'étude des momens que je croyais perdus dans l'oisiveté. Ayant accès à toute heure dans mon salon de travail, qu'il était chargé de tenir en ordre, il se servait de mes livres, de mes cahiers, et son assiduité, son ardeur à l'étude, l'avaient rendu bien vite plus savant qu'une petite fille étourdie et insouciante.

» Ce page, cet enfant, que tout le monde méprisait dans la maison, possédait déjà parfaitement notre langue et des langues étrangères ; il connaissait l'histoire et la géographie. Et il n'y avait pas jusqu'à la musique où il ne fût plus fort que moi ; car à peine étais-je sortie qu'il se mettait au clavecin ; et quelquefois, il m'en souvint alors, j'avais cru, en entendant des sons éloignés, que mon maître était resté après moi, et s'essayait encore.

» Vous comprenez qu'après un pareil aveu Carlo n'eut plus besoin de se cacher, ni de nous dérober ses travaux. Il étudiait auprès de nous, avec nous. Ses succès avaient excité mon émulation, et je trouvai bientôt dans l'étude un charme inconnu jusqu'alors. Quant à Théobaldo, il était fier de mes progrès, de ceux de Carlo surtout, dont la précoce intelligence saisissait avec une facilité inconcevable les sujets les plus difficiles et les plus abstraits. Une mémoire infatigable, une conception rapide ; une imagination ardente, et ces pensées nobles et chaleureuses qui viennent non de la tête, mais du cœur, telles étaient les qualités qui brillaient en lui à un degré si éminent, que Théobaldo le regardait souvent avec surprise, et me disait d'une voix prophétique :

» — Croyez-moi, ce n'est pas là un homme ordinaire; quelque état qu'il embrasse, sa place est au premier rang.

» — S'il en est ainsi, s'écriait Carlo, c'est à vous que je le devrai, mes amis, et le pauvre orphelin ne l'oubliera jamais.

» Bientôt le maître n'eut plus rien à apprendre à son élève, qui devint son compagnon d'étude. Pour moi, jeune fille, qui ne pouvais ni les suivre, ni m'élever à leur hauteur, le seul mérite que j'eus acquis, et dont j'étais fière, était celui de les apprécier et de me plaire auprès d'eux. Que leur conversation était douce et attrayante, quels nobles et généreux sentimens rendaient leur voix si persuasive et leur éloquence si entraînante! Et dans la solitude de ce vieux château, près de ce vieillard humoriste et colère, que les heures s'écoulaient rapidement dans ce salon de travail, sanctuaire de l'étude et de l'amitié ! Aux jours insoucians de l'enfance avait succédé l'âge d'or de la jeunesse, avec ses rêves enchantés, ses riches illusions et son avenir immense. Plus âgé que nous, et déjà moins heureux, Théobaldo était plus grave, plus réfléchi. Il avait connu le monde, c'est-à-dire les chagrins : nous ne connaissions que la solitude, l'amitié et le bonheur.

» Un matin, et par un beau soleil d'automne, assis tous les trois dans une allée du parc, nous causions, et jamais Carlo n'avait été plus gai, ni plus aimable.

» — J'ai rêvé cette nuit, nous dit-il, que j'étais grand seigneur et premier ministre.

» — Dans quel royaume? lui demandai-je.

» — Mon rêve n'en disait rien.

» — Et moi, quelle place me donniez-vous dans vos songes?

» — Vous, signora, vous étiez reine.

» — Et Théobaldo?

» — Confesseur du roi!

» A cette chute imprévue, je me mis à rire, et ma gaîté excita celle de Carlo. Théobaldo seul gardait son sérieux, et nous dit en secouant la tête :

» — Eh mais!... ce n'est pas impossible.

» A ces mots nos éclats redoublèrent.

» — Ne riez pas, nous dit-il d'un grand sang-froid... Je devrais être le plus raisonnable de nous trois... et je suis le plus faible et le plus superstitieux... Ce que vous venez de me dire m'a frappé, et malgré moi je ne puis m'empêcher d'y croire.

» — Pourquoi cela? lui demandai-je.

» — C'est que j'ai rêvé exactement la même chose.

» Nous poussâmes un cri de surprise.

» — Oui, dit-il à Carlo, moi prêtre, et toi grand seigneur.

» — Et moi? lui demandai-je.

» — Vous, c'est différent, me dit-il tristement, vous n'étiez plus là, vous nous aviez quittés... vous nous aviez abandonnés.

» — Ah! votre rêve est un menteur, et n'a pas le sens commun! m'écriai-je. J'ignore quelle destinée nous est réservée; mais quelle que soit la mienne, je jure ici que rien ne pourra me faire oublier les amis de mon enfance.

» — Et nous de même, s'écrièrent ils tous les deux, en étendant vers moi leurs mains, qu'ils tenaient étroitement serrées.

» Il y eut un instant de silence, et Théobaldo reprit lentement et d'un air rêveur :

» — Oui, signora, nos pressentimens s'accompliront. Vous aurez un jour d'immenses richesses, vous serez une grande et noble dame... respectée et adorée de tous! Toi, Carlo, si j'en crois ton mérite plus encore que ton rêve, tu dois, malgré les obstacles, malgré ta position et ta naissance, faire ton chemin dans le monde, et parvenir aux premiers rangs.

» — Tant mieux pour toi, lui dit gaîment Carlo, en lui frappant sur l'épaule d'un air de protection.

» — Oh! moi, reprit Théobaldo, je sais que je sera toujours misérable! je ne serai bon à rien sur terre... qu'à vous aimer, à veiller sur vous, et à vous donner ma vie... Vous voyez donc, continua-t-il en souriant et en nous serrant les mains, que ma part est la meilleure, et que de nous trois je serai le plus heureux.

» La cloche du château retentit, et nous nous séparâmes en renouvelant ce serment d'amitié éternelle que le ciel entendit et que nos cœurs ont tenu.

» Contre l'ordinaire, une nombreuse et brillante société venait d'arriver. C'étaient des jeunes seigneurs des environs, qui, réunis dès le matin pour une partie de chasse, venaient se reposer de leurs fatigues chez le duc d'Arcos, leur voisin.

» Comme seigneur châtelain, mon oncle était trop flatté de cette visite pour ne pas accueillir avec joie ces nouveaux hôtes, et même, s'en fût-il fort peu soucié, sa fierté espagnole se serait empressée d'exercer dignement envers eux les devoirs de l'hospitalité. Il me faisait donc avertir que j'eusse à descendre au salon recevoir ces messieurs, et leur faire les honneurs. J'obéis, et lorsque j'entrai, il y eut parmi ces jeunes gens, dont tous les regards se tournèrent vers moi, une espèce de rumeur à laquelle je ne m'attendais pas, et qui me troubla au dernier point. Nous recevions rarement au château, et les nobles personnages qui nous honoraient de leur visite étaient d'ordinaire d'antiques duchesses ou de vieux seigneurs amis de mon oncle et ses contemporains. Cette grave société faisait peu d'attention à moi, et avait toujours l'habitude de me regarder comme un enfant. Pendant ce temps, j'étais devenue grande : j'avais quinze ou seize ans; il me semblait bien, quand par hasard je m'apercevais, que mes traits n'avaient rien de disgracieux, mais je n'y avais jamais fait attention, mes amis ne m'en avaient jamais parlé, et ce jour-là l'effet rapide et soudain produit sur tout ce monde qui m'était inconnu, l'embarras nouveau que j'éprouvais, et qui pourtant ne me déplaisait pas... tout me révéla pour la première fois que j'étais jolie que je devais l'être; et si mon ignorance avait pu conserver encore quelques doutes à cet égard, les exclamations que j'entendis autour de moi n'auraient pas tardé à les dissiper.

» — Par saint Janvier, qu'elle est belle! quelle taille de reine! les beaux yeux noirs! il n'y a rien de mieux à la cour.

» — Je donnerais tout pour elle, s'écria un petit gentilhomme aux moustaches noires.

» — Et moi aussi, lui répondit une voix rauque qui me fit tressaillir, tout, excepté ma meute et mon cheval arabe!

» Tous ces mots étaient dits dans le salon, en même temps, à voix basse, par vingt groupes différens, et j'ignore comment il se fit que je n'en perdis pas un seul.

» Mon oncle, qui venait de se revêtir de ses insignes et du grand cordon de l'ordre de Calatrava, entra dans ce moment, et invita ses hôtes à passer dans la salle du repas.

» Ce mot leur fit tout oublier, leur appétit de chasseur ne leur permit plus de s'occuper de moi; ils avaient bien autre chose à faire. Aux premiers momens de silence succéda une conversation bruyante comme un final ou un morceau d'ensemble. Chacun criait à la fois ses prouesses à la chasse, et quand le vin eut circulé dans les verres, il n'y eut plus moyen de s'entendre. Quels discours, bon Dieu! que d'ignorance, que de fatuité! Heureux quand ces nobles gentilshommes n'étaient que sots ou futiles; mais plusieurs d'entre eux, non contens d'être absurdes, se distinguaient encore par leur grossièreté et leur mauvais ton. Interdite et mal à mon aise, il me semblait que j'entendais une langue inconnue, que j'étais dans un monde étranger et inhospitalier, loin de mon pays, de mes amis que j'avais hâte de revoir. Et le dîner ne finissait pas, et les nombreuses rasades avaient échauffé le cerveau de tous nos convives.

» — A la signora! s'écria l'un d'eux en vidant un large verre.

» — A notre hôte le duc d'Arcos! répondit un autre.

» — Aux sangliers de ses domaines, dit la voix rauque que j'avais entendue dans le salon.

» Cet intrépide chasseur, le Nemrod de la contrée, était un jeune homme de vingt-quatre à vingt-cinq ans, aux cheveux roux, à la moustache rousse, dont les traits durs et hautains eussent été assez réguliers, s'ils n'avaient été sillonnés par une longue balafre qu'une branche d'arbre lui avait faite à la chasse.

» — Aux sangliers de ce domaine! répéta-t-il, et à celui que j'ai tué ce matin!

» — Tu te trompes, Odoard, répondit un des convives, ce sanglier-là est tombé de ma main.

» — Non pas, ma balle l'a touché; je l'ai vu.

» — Oui, quand elle l'a frappé, il était déjà mort.

» — Tu mens.

» Son adversaire voulut s'élancer sur lui; le duc d'Arcos se leva, on les sépara, et on obtint, non sans peine, que la querelle n'eût pas de suite. Pour plus de prudence, on se disposa au départ, et pendant que les convives prenaient congé de mon oncle, appelaient leurs valets et faisaient seller leurs chevaux, je me trouvai seule un instant avec le terrible Odoard, l'éternel chasseur ; il me fut facile de voir qu'il était moins brillant au salon qu'à table. Les vins d'Espagne que mon oncle lui avait prodigués avaient affaibli son cerveau, qui chez lui n'était pas la partie forte, et il eut grand'peine d'abord à me balbutier quelques phrases d'excuses sur la scène qui venait de se passer ; puis peu à peu il s'enhardit, ses yeux s'animèrent, sa démarche devint moins vacillante, et il m'adressa quelques mots de galanterie si expressive que je cherchai à m'éloigner.

— » Ne craignez rien, me dit-il, je pars ; mais en noble châtelaine, vous accorderez bien à un preux chevalier le baiser d'adieu... le baiser de l'étrier... Je le repoussai... mais vainement. Et comme il s'avançait, je voulus m'élancer à la sonnette. Il devina sans doute mon dessein, car se mettant entre la cheminée et moi, il me repoussa rudement. Soit ce choc brutal et imprévu, soit plutôt la terreur qui me rendait tremblante, je chancelai en poussant un cri d'effroi. En ce moment, et à la porte du salon, parut Carlo, qui, s'élançant vers Odoard, le frappa à la joue. Celui-ci, furieux, tira un couteau de chasse qu'il portait à sa ceinture, et frappa Carlo... Je vis le fer briller, je vis le sang couler, et puis je ne vis et ne sentis plus rien ; j'avais perdu connaissance. Quand je revins à moi, quand je commençai à renaître et à rassembler mes idées, j'étais couchée, j'étais dans un vaste appartement à peine éclairé, et à la faible lueur d'une lampe je vis deux hommes, l'un, debout, soulevait ma tête et me faisait avaler quelques gouttes de potion ; l'autre était à genoux au pied de mon lit et priait. — Dieu nous a exaucés, dit tout bas une voix qui m'était bien connue ; c'était celle de Carlo. Elle a enfin repris connaissance, elle ouvre les yeux... Et les deux amis s'embrassèrent... Et je les voyais, et je ne pouvais m'expliquer comment j'étais dans cette chambre, dans ce lit... sans domestique, sans aucune de mes femmes, et n'ayant près de moi d'autres gardes que Théobaldo... et Carlo. Je sonnai et personne ne vint... Je voulus parler, on m'imposa silence... ; je demandai au moins que l'on me permît de voir le jour... ; on ne me l'accorda que le lendemain, et seulement alors je connus la vérité.

» Carlo avait été blessé au bras et peu dangereusement. Mais une fièvre ardente s'était emparée de moi ; j'avais été quelques jours dans le délire, et bientôt s'était déclarée une maladie terrible et contagieuse qui sévissait alors sans pitié dans le pays, et qui frappait de mort tous ceux qu'elle atteignait. Au premier symptôme de la petite vérole, l'effroi fut grand dans le château. Mon oncle, égoïste et craintif comme tous les vieillards, que leur âge même rend désireux de la vie, car on tient plus que jamais aux biens que l'on va perdre, mon oncle n'avait plus voulu me voir, et, confiné dans son appartement, il avait condamné toutes les portes qui donnaient sur le mien ; il m'aurait fait, je crois, transporter hors du château, s'il l'avait osé, et surtout s'il avait trouvé quelqu'un assez hardi pour exécuter cet ordre. Mais, à l'exemple du maître, une terreur panique s'était emparée de tous les gens de la maison. Aucun n'eût osé me toucher ni même s'approcher de ma chambre : j'étais comme une pestiférée, comme une maudite, dont chacun s'éloignait avec effroi, et, depuis douze jours, mes deux amis ne m'avaient pas quittée ; assis à mon chevet, me prodiguant jour et nuit leurs soins assidus, vivant dans cette atmosphère de mort, et pour prix de leur dévoûment et de leur sainte amitié, ne demandant au ciel que ma vie qu'ils venaient d'obtenir ! En ce moment leurs yeux étaient attachés sur les miens avec cette expression céleste, avec cette joie rayonnante d'une mère qui vient de sauver son enfant.

» Tout à coup je les vis, avec un sentiment d'inquiétude et d'angoisse, interroger tous mes traits, puis soudain ils respirèrent plus librement... puis brilla dans leurs regards un air de contentement et de bonheur ; et les transports naïfs que tous deux firent éclater m'apprirent mieux que tous les hommages du monde le prix de ce que j'avais risqué de perdre.

» Tous deux étaient à genoux près de moi, tous deux baisaient mes mains, que je retirai brusquement avec effroi. Hélas ! la raison me revenait ! et avec elle la reconnaissance et la crainte. Je tremblais maintenant que mes amis ne devinssent victimes de leur généreux dévoûment, et mes pressentimens ne furent que trop réalisés, pour Théobaldo du moins, qui, quelques jours après, tomba atteint du fléau dont ses soins m'avaient préservée ; Carlo alors s'éloigna de moi, Carlo m'abandonna ; Théobaldo était en danger, c'est lui seul qu'il aimait, à lui seul appartenaient son dévoûment et ses soins. Retrouvant de nouvelles forces dans sa jeunesse, ou plutôt dans son âme infatigable et invincible comme le sentiment qui l'inspirait, Carlo passait les jours et les nuits près de son ami mourant, qu'il tenait dans ses bras, et quand je lui parlais du danger auquel il s'exposait : — Non, non, je ne risque rien ; les anges me protègent, disait-il en me regardant, et Dieu doit me protéger. Aussi sa confiance et son courage ne l'abandonnèrent pas un instant ; lui seul relevait nos esprits abattus et nous donnait de l'espérance. Quelquefois je le voyais se troubler et céder malgré lui à l'inquiétude et à la douleur ; mais soudain il en triomphait, ses traits redevenaient tranquilles, et, la mort dans l'âme, il souriait. — Voyez, disait-il, les jours heureux sont passés ; il va mieux, il va mieux, Dieu est avec nous. Il disait vrai ! Dieu nous avait entendus, Carlo fut préservé, et Théobaldo revint à la vie ; mais le fléau avait laissé de terribles traces, et moins heureux que moi, il fut défiguré. — Je n'étais pas beau, nous disait-il en souriant, et maintenant je suis bien laid ; vous ne me reconnaîtrez plus. Notre amitié plus ardente et plus vive s'empressa de le rassurer, et lui prouva que pour nous il était toujours le même. Nous reprîmes nos matinées d'études, nos douces causeries, notre vie autrefois si heureuse, et maintenant plus heureuse et plus intime encore, car les dangers passés lui donnaient un nouveau charme, et le beau temps est si beau le lendemain d'un orage !

» Chaque jour, Carlo nous semblait plus expansif, plus dévoué, plus joyeux ; sa grâce et son esprit animaient tous nos entretiens, et quand il nous regardait tous les deux, nous qu'il avait sauvés, sa figure respirait un air de satisfaction et de bonheur. Il ne pensait jamais à lui, ne s'occupait que de nous, et cherchait constamment à égayer et à distraire ce pauvre Théobaldo, qui depuis sa maladie et pendant sa convalescence était toujours triste et mélancolique. Plus d'une fois déjà je m'en étais aperçu ; souvent m'offrant à lui à l'improviste, quand il se promenait dans le parc, seul et la tête baissée, je le vis se hâter d'essuyer une larme ; notre amitié s'en inquiétait, nous lui demandions la cause de ses chagrins. — Sa pauvre mère, nous disait-il, était toujours bien malade, et nous partagions ses craintes. Bientôt, hélas ! il la perdit, et nous pleurâmes avec lui sans pouvoir calmer sa tristesse, qui chaque jour devenait plus sombre. Pressé enfin par nos instances, il nous avoua qu'il méditait depuis longtemps un projet dont il nous ferait part le lendemain.

» Le lendemain, j'étais dans le salon de musique, assise près de Carlo dont les doigts se promenaient sur le clavecin ; mais au lieu de jouer le morceau qui était devant nos yeux, nous causions. Je lui parlai de la blessure qu'il avait reçue en me défendant, et que lui seul avait oubliée, car il ne s'en plaignait jamais ; je lui rappelai son entrée dans le salon au moment où Odoard me repoussa si brutalement.

— » Ah ! me dit-il, ce fut le jour le plus horrible de ma vie, et je n'avais pas idée de souffrance pareille à celle que j'éprouvai.

» — Quand il vous frappa de son couteau ! m'écriai-je.
» — Non, quand je crus qu'il allait vous embrasser.
» Et en prononçant ces mots, qui semblaient lui échapper, il y avait dans sa voix, dans son regard, une expres-

sion que je ne lui avais jamais vue et qui me rendit tremblante.

» — Carlo ! m'écriai-je en me penchant vers lui.

» Il poussa un cri de douleur et changea de visage... Je venais, sans le vouloir, de serrer avec force le bras dont il souffrait toujours, et désolée, hors de moi, je tombai à genoux pour lui demander pardon ; il voulut me relever, et sa tête touchait la mienne, ses lèvres effleuraient mon front, lorsque Théobaldo parut. Il nous aperçut et pâlit, tandis que Carlo et moi nous rougissions, éprouvant en sa présence un embarras dont, pour ma part, je ne pouvais me rendre compte.

» Théobaldo se remit, puis, avec le sourire doux et triste qui lui était habituel :

» — Mes amis, nous dit-il en s'asseyant près de nous, vous rappelez-vous la surprise que me causa, il y a quelques mois, le récit du rêve de Carlo ? C'est que depuis longtemps ces idées étaient les miennes ; ce sont les premières que j'ai reçues, et l'âge et les malheurs les ont fortifiées. Quand vous étiez en danger de mort, signora, j'ai promis à Dieu que s'il vous sauvait j'irais à lui, et que je me consacrerais à ses autels.

» — Vous faire religieux ? m'écriai-je.

» — Et pourquoi pas ? Quel sort m'attend dans le monde ? Puis-je aspirer, maintenant surtout, au bonheur du ménage et de la famille ? Quelle femme voudrait de moi ? De qui pourrais-je être aimé ? La vie religieuse m'offre le calme et le repos ; elle convient à mes goûts tranquilles et studieux ; elle ne nous séparera pas. Dieu ne défend pas d'aimer ses amis... au contraire ; je prierai pour eux et j'aurai pas d'autres occupations que leur bonheur.

» Carlo, avec toute la chaleur de l'amitié, voulut en vain combattre ce projet, Théobaldo repoussa toutes ses objections avec sang-froid, et en homme dont la résolution est irrévocablement arrêtée ; et comme nous insistions encore :

» — Qui vous dit, reprit-il en souriant, que je ne prends pas ce parti par ambition ? Carlo n'a-t-il pas rêvé que j'arriverais aux premières dignités de l'Église ? Portez-vous déjà envie à ma fortune, et voudriez-vous par jalousie vous y opposer ?

» — Certainement, nous ne le souffrirons pas !

» — Il le faudra bien, reprit-il froidement, car c'est déjà fait.

» Nous poussâmes tous les deux un cri de douleur et de surprise.

» — Oui, continua-t-il avec calme, j'ai prononcé mes vœux.

» — Et depuis quand ?

» — Depuis quelques jours ! J'avais prévu la difficulté de résister à vos instances, et j'avais pris d'avance des armes contre ma faiblesse. Ne me plaignez pas, mes amis, je suis content maintenant, je suis heureux.

» En effet, à dater de ce jour, le calme sembla succéder aux inquiétudes qui agitaient son âme. La sérénité revint sur son front et le sourire sur ses lèvres ; son amitié semblait plus vive encore et plus pure. Détaché de la terre, il semblait n'y plus tenir que par nous et pour nous, et il consacrait au ciel et à l'étude tous les instans qu'il ne nous donnait pas. J'avais osé demander pour lui à mon oncle le titre d'aumônier du château avec des appointemens considérables, le duc n'avait pas refusé. Enhardie par ce premier succès, je sollicitai pour Carlo la place de secrétaire que Théobaldo ne pouvait plus exercer, mon oncle consentit sans résistance et sans objection aucune. Je ne revenais pas de ma surprise et de ma joie, et je croyais que décidément l'âge avait enfin changé son caractère.

» — A mon tour, me dit-il, j'aurai aussi quelque chose à te demander.

» — Tout ce que vous voudrez, mon oncle, m'écriai-je ; j'y consens d'avance !

» — C'est bien, me dit-il en m'embrassant sur le front, faveur qu'il ne m'avait jamais accordée, n'oublie pas cette parole, je te la rappellerai dans quelques semaines.

» Un matin, en effet, il me fit appeler dans sa chambre, et j'ignore pourquoi, en me rendant à cet ordre, le cœur me battait, mes genoux tremblaient, et je fus obligée de m'arrêter un instant avant d'entrer. Mon oncle était assis et lisait ; il ôta ses lunettes, posa son livre sur la table et me dit : « Ma nièce, vous voilà fort belle et fort bien élevée ; vous avez des talens, et plus peut-être qu'il ne conviendrait au sang des d'Arcos ; maintenant le mal est irréparable. De plus, vous avez dix-huit ans. Tous les seigneurs des environs me demandent votre main. »

» — Ah ! m'écriai-je, je ne songe pas à me marier.

» Mon oncle me regarda avec surprise et continua froidement : « Je vous ai fait venir non pour vous demander conseil, mais pour vous prévenir que j'avais accordé votre main à un de nos voisins. »

« Le cœur me manquait et je me sentais prête à me trouver mal. Mon oncle me montra du doigt un fauteuil, et, sans s'interrompre le moins du monde : « J'ai choisi le plus riche et le plus noble, le fils du comte de Popoli. Il se présentera demain ; préparez-vous à le recevoir. » Je voulais parler, je voulais supplier ; mais, sans avoir l'air de m'entendre, mon oncle reprit ses lunettes et rouvrit son livre en me faisant signe de la main de m'éloigner. Comme fascinée par ce doigt décharné qu'il étendait vers moi..., j'obéis, sans dire un mot, à cet ascendant magique, je sortis et courus m'enfermer dans ma chambre, où je fondis en larmes. Pourquoi ? d'où venait mon désespoir ? je l'ignorais, je m'en étais jamais rendu compte. Mais sans avoir vu ce mari, sans le connaître, sans savoir ce qu'il était, je me sentais prête à mourir. C'était un malheur qui ne m'étais jamais venu à l'idée, une infortune qui me laissait sans force et sans courage. Mes amis seuls pouvaient m'en donner, et je courus à eux. Mes amis, leur dis-je en sanglotant, conseillez-moi, sauvez-moi, on veut me marier. Théobaldo tressaillit, puis il leva vers le ciel ses yeux, où je vis briller une larme. Pour Carlo, il devint pâle comme la mort, mais ne me répondit pas. Je crus qu'il ne m'avait pas entendue.—On veut me marier ! lui répétai-je. Parlez-moi ! répondez-moi !... Que me conseillez-vous ?

» — Vous n'y consentez donc pas ? s'écria-t-il avec joie.

» — Plutôt mourir !

» Il voulut me répondre et ne put trouver une parole... Il resta quelques instans la tête dans ses mains ; puis, cherchant à rassembler ses idées :

» — Si telle est la volonté de votre oncle, ni la raison, ni les larmes, ni la prière ne pourront la vaincre.

« Nous sentions, Théobaldo et moi, qu'il disait vrai, et nous gardions le silence. Carlo continua :

» — Je n'essaierais même pas de lui faire changer d'idée, ce serait inutile.

» — Que feriez-vous donc ?

» — Je m'adresserais à un pouvoir supérieur. Je quitterais le château, et j'irais me réfugier dans un couvent, celui della Pieta, où est renfermée votre jeune sœur, la signora Isabelle.

» — Il a raison ! m'écriai-je ; partons !

» — Insensée ! dit Théobaldo en m'arrêtant ; croyez-vous que l'abbesse della Pieta consentisse à vous recevoir ou à vous garder contre la volonté de votre oncle ? A sa voix, tous les monastères se fermeront ; pas un seul n'oserait braver sa colère, ni résister à ses justes réclamations. Car, après tout, il a des droits... ; vous êtes sa nièce..., vous êtes élevée.

» Je ne trouvais rien à répondre, ni Carlo non plus. Il baissa la tête et dit froidement :

» — Alors il n'y a qu'un moyen, qui n'exposera que moi.

» — Et lequel ?

» — Vous le saurez dans quelques jours.

« Et, malgré nos instances, il n'en voulut pas dire davantage.

IV.

» Le lendemain, le fouet du postillon retentit dans la cour du château ; on vit entrer une superbe voiture précédée et suivie d'écuyers et de piqueurs. Mon oncle, debout et entouré de tous les gens de sa maison, vint recevoir au haut du perron un jeune étranger qu'il embrassa et qu'il fit entrer dans le salon. Puis il m'envoya dire qu'il m'attendait. Je crus que je ne pourrais jamais descendre le grand escalier en pierre qui conduisait de ma chambre à son appartement de réception. Deux fois je fus obligée de m'appuyer sur la rampe... Enfin, rassemblant toutes mes forces, j'entrai les yeux baissés et me soutenant à peine. Mon oncle vint à moi, me présenta le comte de Popoli qui, depuis un an, avait hérité de son père, le plus riche seigneur de la contrée. Et que devins-je, grand Dieu ! en reconnaissant en lui ce rude et farouche Odoard, celui qui, deux ans auparavant, et dans ce même salon, m'avait grossièrement insultée, celui qui avait lâchement blessé un homme sans armes et sans défense.

» Le comte de Popoli me salua respectueusement, puis se retourna vers mon oncle qui, continuant la conversation commencée, lui dit froidement :

» — Soit, dans quinze jours, dans la chapelle du château, mon aumônier fera ce mariage.

» Et le comte répondit en s'inclinant :

» — Comme vous voudrez, monseigneur.

» Indignée de tant d'égoïsme et de tyrannie, convaincue désormais que devant cette volonté impitoyable mon honneur serait compté pour rien, je puisai dans la conviction de ma perte une énergie inconnue jusqu'alors, et je jurai que jamais je ne serais la femme du comte de Popoli.

» De son côté, Carlo était calme et tranquille, et semblait plein d'espoir dans le moyen qu'il avait imaginé, et sur lequel il gardait toujours le silence. Mais quelques jours après toute sa confiance l'avait abandonné ; morne et silencieux, en proie à un sombre désespoir : Je ne puis plus vous sauver, me dit-il, je ne puis pas même mourir pour ma bienfaitrice. J'ai été trouver ce comte de Popoli, et, sans qu'il fût question de vous, sans vous exposer ni vous compromettre, je lui ai rappelé l'insulte que je lui avais faite, il y a deux ans, en lui offrant et lui demandant une réparation plus loyale que celle qu'il avait obtenue. Je comptais qu'il accepterait, car on dit qu'il est brave, et alors je l'aurais tué ou je serais mort de sa main. J'aurais empêché votre malheur ou je n'en aurais pas été le témoin. C'est tout ce que pouvait faire pour vous le pauvre Carlo. Mais il m'a fièrement refusé, en me demandant qui j'étais !... Qui j'étais, signora !... quand il s'agissait de mourir !... J'ai consulté, et il paraît qu'il a raison, il paraît que moi inconnu, orphelin, bâtard peut-être, je n'ai pas le droit d'être tué par un noble seigneur !... par le comte de Popoli. Il paraît que c'est un crime d'oser aspirer même à cet honneur, car votre oncle me chasse.

» — Vous, Carlo ?

» — Oui, chassé... dans huit jours, la veille de votre mariage...

» En ce moment Théobaldo venait à nous, et nous nous jetâmes en pleurant dans ses bras...

» — Oui, nous dit-il, en confondant ses larmes avec les nôtres... Oui, vous êtes bien malheureux, et sa voix attendrie cherchait à nous donner un espoir que lui-même n'avait pas, joignant aux consolations de l'amitié celles de la religion.

» Pendant deux jours je le vis occupé à calmer le désespoir de Carlo qui, en proie à sa rage, ne voulait rien entendre. Enfin, sa fureur s'apaisa et tomba tout à coup ; mais, sombre et rêveur, il ne parla plus ni à Théobaldo, ni à moi. Il semblait occupé de quelque sinistre dessein qui l'absorbait tout entier et lui faisait oublier même ses amis.

Cependant les jours s'avançaient, et nous étions à la veille du jour fixé pour le mariage.

» Théobaldo se présenta devant moi, pâle et les traits renversés :

» — Juanita, me dit-il, il faut sauver Carlo, il faut sauver son âme. Ce matin il est venu, non à moi, son ami, mais au ministre de la religion ; il m'a prié de le bénir et de lui donner l'absolution, que je lui ai refusée, car il est près de commettre un crime !

» — Lui ! m'écriai-je.

» — Oui... un crime qui entraîne la damnation éternelle. Ne le maudissez pas, signora, ne l'accablez pas de votre colère... Aujourd'hui même, il veut se tuer !

» Je poussai un cri et je sentis moi-même un froid mortel qui se glissait dans mes veines.

» — Se tuer ! m'écriai-je ; et pourquoi ?

» — Pourquoi ? reprit Théobaldo en serrant mes mains dans ses mains glacées... Je ne sais comment vous le dire... et il le faut cependant... il le faut...

» Et, en parlant ainsi, la sueur coulait de son front pâle !...

» — Achevez ! achevez !

» — Eh bien ! reprit-il à voix basse et en faisant un effort sur lui-même, c'est à moi seul qu'il l'a confié, et vous ne deviez jamais le savoir... Il vous aime comme un insensé ! Il vous aime d'amour ! Voilà pourquoi il veut se tuer ! Voilà pourquoi il sera maudit.

» — Ah ! m'écriai-je, je le serai donc avec lui, car j'avais la même pensée.

» — Vous, Juanita ! vouloir mourir !

» Puis, baissant les yeux et n'osant me regarder, il continua d'une voix tremblante :

» — Vous l'aimez donc aussi ?

» Je ne répondis point ; mais je me jetai à ses pieds. Théobaldo poussa un cri et garda quelque temps le silence ; puis, levant sur moi un regard plein de bonté :

» — Ma fille, me dit-il (c'était la première fois qu'il me donnait ce nom, autorisé par les saintes fonctions qu'il exerçait), ma fille, puissé-je éloigner de vous et détourner sur moi les chagrins que vous vous préparez tous deux. Promettez-moi seulement de renoncer à ces idées de mort, projet coupable qui vous fermerait les portes du ciel, de ce ciel où je veux vous retrouver un jour.

» — Mais alors, quel parti prendre ?

» — Il en est un, reprit-il avec émotion, si vous aimez Carlo, si vous êtes capable de braver pour lui la colère de votre oncle, le blâme du monde, les chagrins, la misère peut-être !

» — Je suis prête.

» — Eh bien ! je fais mal, sans doute, en vous donnant un semblable conseil... Mais vous voulez vous tuer ? Il y va de votre âme...

» Il s'arrêta comme s'il avait peur du parti qu'il allait me proposer.

» — Eh bien ! Dieu pardonnera une faute plutôt qu'un crime... Épousez Carlo en secret, à la face des autels.

» — Et qui oserait s'exposer à la vengeance de mon oncle et de ma famille ? Qui oserait nous marier ?

» — Moi ! dit-il.

» Je ne trouvai pas d'expression pour le remercier ; mais je me jetai dans ses bras.

» — D'où vient votre surprise ? continua-t-il ; ne vous ai-je pas dit, il y a quelques années, que c'était moi, pauvre et misérable, qui vous protégerais.

» Il n'y avait pas de temps à perdre. Le lendemain, à midi, mon mariage était fixé avec le comte de Popoli ; il fut convenu que le soir même, à minuit, Carlo et moi nous nous trouverions, chacun de notre côté, à la chapelle du château ; que Théobaldo nous y marierait, et qu'une fois le mariage prononcé, nous nous résignerions tous les trois à la colère du duc d'Arcos, qui pouvait nous emprisonner, nous chasser ou nous déshériter, mais non nous désunir !

» Après le dîner, nous étions tous au salon dont les

portes vitrées donnaient sur le parc ; le comte de Popoli, assis près de moi, était aussi galant que le lui permettaient ses habitudes de chasseur. Carlo entra, et, à ses yeux rayonnans de joie et de bonheur, je vis que Théobaldo l'avait prévenu. Il venait prendre congé de mon oncle, car il était censé partir le lendemain. Il passa devant le comte, qu'il salua froidement, et s'approchant de moi pour me faire ses adieux, il prit ma main qu'il porta respectueusement à ses lèvres. Je lui dis à voix basse :

» — A ce soir, à minuit.

» — A minuit ! répondit-il en me serrant la main et en levant sur moi des yeux pleins de reconnaissance et de tendresse.

» En ce moment on l'avertit qu'un homme assez mal vêtu demandait à lui parler et l'attendait dans le parc.

» Quelques instans après, et des fenêtres du salon, je les vis passer tous deux dans une allée éloignée. Je ne pouvais distinguer les traits de cet étranger, dont l'air et la tournure ne m'étaient cependant pas inconnus, et rappelaient en moi des souvenirs vagues et incertains. Tous deux causaient vivement, et il y avait dans les gestes de Carlo, dans sa démarche, un trouble et une agitation qui m'inquiétaient malgré moi et que je ne pouvais m'expliquer, d'autant plus la joie de la soirée il ne rentra pas au salon ; mais bientôt, me disais-je en regardant la pendule, bientôt je saurai ce que signifie cette visite imprévue. Chacun enfin, et à ma grande joie, se retira dans ses appartemens. Je restai dans ma chambre à prier ; et quand minuit sonna à l'horloge du château, j'étais dans la chapelle. Quelqu'un m'y avait précédée.

» — Est-ce vous, Carlo ? demandai-je.

» — Non, ma fille, me répondit une voix tremblante... C'était celle de Théobaldo.

» Mais nous attendîmes en vain, nous restâmes seuls le reste de la nuit, et quand les premiers rayons du jour vinrent éclairer les vitraux de la chapelle, Carlo n'avait pas paru.

» Le lendemain et les jours suivans s'écoulèrent, et nous ne le revîmes plus.

V.

» L'absence de Carlo, continua la comtesse, sa disparition mystérieuse et si imprévue nous avait glacés d'effroi ; était-il victime de quelque piège ou de quelque trahison. Nos projets avaient-ils été découverts ? La jalousie d'un rival avait-elle soudoyé des assassins à gage ? La vengeance et le crédit du duc d'Arcos l'avaient-ils privé de sa liberté et fait jeter dans quelque prison d'Etat ? Nous nous perdîmes en conjectures et en recherches inutiles ; car toutes les démarches de Théobaldo furent infructueuses, et ne nous procurèrent aucun renseignement. D'un autre côté, ni le comte de Popoli ni le duc d'Arcos ne semblaient avoir de soupçon ; ils n'avaient témoigné aucune colère à Théobaldo ; ils ne nous empêchaient pas de nous voir, et quoique irrités de ma résistance, ils paraissaient l'attribuer à ma répugnance pour le mariage plutôt qu'à tout autre sentiment ! J'avais, à force de larmes et de prières, obtenu trois mois de grâce, jurant que ce délai expiré j'obéirais... Et quand ce terme fatal fut arrivé, j'eus beau supplier et demander encore du temps, il fallut bien céder à la volonté de mon oncle, à mes promesses, à la foi jurée... hélas ! et à ma destinée, qu'aucun pouvoir divin et humain ne pouvait plus changer. Ma tête était perdue, mon cœur était brisé, ma main seule restait ; le duc d'Arcos la donna ! Je devins comtesse de Popoli !

» Comme satisfait de ce dernier acte de tyrannie qui me rendait à jamais malheureuse, et comme s'il n'eût attendu que ce moment pour quitter la terre, mon oncle mourut la première année de ce mariage, en nous laissant tous ses biens. Aucun changement ne survint dans mon sort. Aucune nouvelle de Carlo. Si, comme nous le pensions, il avait été détenu dans quelque prison à la requête du duc d'Arcos, cette mort l'eût rendu libre. Mais il ne reparut pas, et Théobaldo me dit avec désespoir :

» — C'en est fait, notre ami n'est plus.

» Et nous le pleurâmes, et nous portâmes son deuil, et dans l'allée du parc où tous trois nous venions jadis nous asseoir, nous lui élevâmes une pierre tumulaire, qui, mystérieuse comme son sort, ne portait aucun nom, aucune inscription : et sur cette tombe, veuve de ses dépouilles, mais qu'animaient et qu'environnaient nos souvenirs, nous venions chaque soir parler de lui, prier pour lui, et implorer le jour qui devait nous réunir.

» Trois années se passèrent ainsi près d'un époux aux passions brutales et colères, mais dont le cœur était moins méchant que je ne l'avais pensé. Tous ses défauts venaient de son éducation, ou plutôt de ce qu'il n'en avait reçu aucune. Son amour-propre et son orgueil étaient la conséquence de son ignorance absolue ; et quand, avec une adresse et une patience infinies, Théobaldo lui eut peu à peu fait comprendre qu'il ne savait rien, qu'il ne connaissait rien, il commença à avoir moins de confiance en lui-même et plus en nous ! De mon côté, je cherchais à modérer ce caractère sauvage et emporté que ma douceur ne désarmait pas toujours. Témoins des scènes de violence auxquelles il se livrait, nos voisins me plaignaient, s'apitoyaient sur des peines qui me touchaient peu. Ils admiraient ma résignation, qui n'était que de l'indifférence ! J'étais trop malheureuse pour avoir des chagrins.

» Pour Théobaldo, sa tristesse augmentait chaque jour. La vue de ce château lui faisait mal, l'air qu'on y respirait altérait sa santé, et s'il ne m'eût vue moi-même aussi souffrante, dès longtemps il se serait éloigné. Sombre et taciturne, il fuyait toute distraction, même celle de l'étude ; tout entier à la religion, il passait les jours et les nuits au pied des autels. Dans la contrée on le regardait comme un saint, et mon mari lui-même respectait cette haute vertu qui l'élevait au-dessus de nous, et dont je me plaignais seule ; car j'y perdais presque un ami. Alors il revenait à moi, alors ses traits sévères et ses yeux secs retrouvaient un instant pour moi le sourire et les larmes. C'était pour moi seule encore qu'il tenait à la terre !

» Depuis quelques mois, le comte Popoli visitait plus souvent les gentilshommes campagnards des environs, ou bien il les recevait chez lui ; ils avaient des conférences secrètes. Enfin, et à ma grande surprise, il me sembla qu'il se livrait à d'autres occupations qu'à celle de la chasse. Plusieurs fois même il me donna à écrire et à traduire des lettres adressées à différens seigneurs d'Allemagne, lettres insignifiantes en apparence ; mais qui avaient un sens caché qu'il m'importait peu de connaître, et que je ne cherchais pas à deviner.

» Pour le comte de Popoli, il était aisé de voir que quelque projet le préoccupait ; car malgré ses efforts pour prendre un air enjoué, de temps en temps une ride venait plisser son front, ses sourcils se fronçaient ; enfin, et contre son ordinaire, il ressemblait exactement à un homme qui pensait. Je le fis remarquer à Théobaldo, qui me traita de visionnaire et ne voulut pas me croire.

» Mais un soir il entra chez moi d'un air agité :

» — Juanita, me dit-il, il se passe ici quelque chose d'extraordinaire. Il y a un amas d'armes dans les souterrains du château.

» — Des armes de chasse ? lui dis-je.

» — Non, elles ont une autre destination ; et ce soir, en revenant du village où je venais de porter les sacremens à un malade, j'ai été abordé au milieu du bois par un homme enveloppé d'un manteau qui m'a dit à voix basse : Seigneur aumônier, quittez cette nuit même le château avec madame la comtesse, s'il y va de sa liberté et de sa vie ; demain il serait trop tard. Et il s'est éloigné en courant.

» — C'est quelqu'un, lui dis-je, qui a voulu vous effrayer.

» — Non, non, me répondit-il en faisant le signe de la

croix, car il m'a semblé entendre la voix de mon bien-aimé Carlo qui revenait pour vous sauver.

— Carlo, m'écriai-je tout tremblante ; c'est impossible.

» — Oui, c'est ce que je me suis dit ; et cependant mon cœur battait comme si c'était lui. Et quand il s'est éloigné en me serrant la main, j'ai crié : Carlo ! Carlo ! Il s'est arrêté, a eu l'air d'hésiter ; j'ai cru qu'il allait se précipiter dans mes bras, mais il a jeté un cri de douleur, a détourné la tête et a disparu.

» Je ne puis vous dire quel trouble me causa ce récit, mais pourquoi quitter cette nuit-même le château où nous étions en sûreté, où de nombreux domestiques pouvaient nous défendre, un tel avis me paraissait si absurde, qu'il me faisait douter de tout le reste. Cependant, et pour n'avoir rien à nous reprocher, j'envoyai chercher mon mari. Minuit venait de sonner, et il était encore dehors. J'ordonnai qu'on me prévînt à son retour. Mais de toute la nuit le comte ne rentra pas. L'inquiétude nous saisit ; et à peine le jour avait-il paru que je résolus d'envoyer à sa recherche. Mais les portes du château étaient gardées par des soldats espagnols. Un officier se présenta devant moi et me dit avec respect :

» — Je viens remplir un fâcheux message ; j'ai l'ordre de vous arrêter.

» — Moi, monsieur.

» — Oui, vous, la comtesse de Popoli.

» — Et de quel droit.

» — Au nom du roi.

» Il fallut se soumettre et monter dans la voiture qui m'attendait. Nous arrivâmes au Château-Neuf, où je fus enfermée. Le comte de Popoli avait été également arrêté dans la nuit chez un gentilhomme voisin, l'un de ses complices. Voici quel était leur crime, que j'ignorais alors est que je connus depuis :

VI.

» Le comte de Popoli, propriétaire d'une immense fortune, qu'avait encore augmentée celle du comte d'Arcos, mon oncle, avait cru que son nom et ses richesses devaient le placer de droit à la tête du gouvernement. Il ne lui était pas venu à l'idée que les talens dussent compter pour quelque chose, et il avait été indigné du peu d'importance qu'on lui accordait à la cour d'Espagne. Il avait rêvé la vice-royauté de Naples, et on le laissait confiné dans ses domaines ; il s'était cru nécessaire, et personne ne songeait à lui. N'écoutant alors que son orgueil et son amour-propre blessés, il avait projeté de se rendre redoutable à ceux qui le méprisaient. Il avait voulu livrer aux Impériaux le royaume de Naples, dont il supportait impatiemment le joug de l'Espagne. Il avait fait entrer dans ses ressentimens plusieurs gentilshommes des environs dont il se croyait le chef, et dont il n'était que l'instrument passif ; car, en cas de succès, ils auraient recueilli tout le fruit d'un complot dont le comte de Popoli courait tous les dangers.

» Quoiqu'il en fût, la conspiration était évidente, les preuves nombreuses et les juges unanimes !... Mais l'opinion publique s'était prononcée d'une manière si douteuse sur les talens et la capacité du comte de Popoli, que l'on ne pouvait se persuader qu'une telle entreprise eût été conçue par lui, et l'on m'en attribua tout l'honneur. C'était, dit-on, mes conseils et mon influence qui l'avaient entraîné dans cette conspiration dont j'étais l'âme et le chef. Je dois convenir aussi que les lettres écrites par moi et qu'on avait saisies eussent paru des preuves suffisantes à des juges moins prévenus que les miens. Vous connaissez l'issue de ce procès, qui ne fit alors que trop de bruit en Italie et en Espagne. Vous savez que nous fûmes condamnés à mort ; mais voici ce que vous ne savez pas.

» Nos juges même, touchés de ma jeunesse, avaient sollicité à la cour de Madrid, une grâce devenue impossible, car le peuple de Naples, qui nous regardait comme les héros et les martyrs de la liberté, avait voulu briser les portes de notre prison et tenter en notre faveur une émeute qui assurait notre perte. L'exécution de l'arrêt avait été fixée au jour de la Saint-Janvier, et la veille, j'avais demandé deux faveurs ; elles me furent accordées. La première était de voir et d'embrasser ma jeune sœur que l'année précédente j'avais fait sortir du couvent et qui allait être forcée d'y retourner ; la seconde, de choisir mon confesseur. On me répondit qu'un prêtre était aux portes de mon cachot et demandait avec insistance à me parler. Ce devait être Théobaldo... ; c'était lui !

» Il entra la tête haute et le front rayonnant ; et moi qui comprenais la sainte joie dont il était animé, je courus à lui disant :

» — Mon ami ! mon père ! voici le jour de la délivrance. Je vais le revoir.

— Pas encore, me répondit-il avec son sourire si triste et si expressif.

» Puis se retournant vers le gouverneur de la prison qui entrait en ce moment, il lui remit une lettre que celui-ci parcourut vivement, et frappé de surprise il la laissa tomber sur la table près de laquelle j'étais assise. J'y jetai les yeux, et je tressaillis à la vue d'une écriture qui ne m'était que trop connue. La lettre du reste ne contenait que ces mots :

» Votre Majesté m'a promis hier de m'accorder tout ce
» que je lui demanderais ; je lui demande la grâce de la
» comtesse de Popoli et de son époux.

» Signé CARLO BROSCHI. »

» Plus bas, et de la main du roi, était écrit : Accordé. »

» Signé FERDINAND. »

» Les portes de la prison s'ouvrirent, nous étions libres, mais bannis à perpétuité du royaume de Naples, obligés d'en sortir dans les vingt-quatre heures, et tous nos biens confisqués. Le comte s'occupa de notre départ ; et moi, le cœur palpitant de joie, de crainte et de surprise, je m'enfermai avec Théobaldo.

» — Il existe ! m'écriai-je, il existe !

» — Oui, signora, je l'ai revu ; je l'ai embrassé... ; car cet écrit, c'est lui-même qui l'a apporté, c'est lui qui n'a jamais cessé de veiller sur vos jours.

» — Et qu'est-il donc devenu ? Pourquoi nous a-t-il quittés ? Pourquoi surtout ce silence de mort sur toute sa destinée ?

» — Juanita, me dit-il avec trouble et en me serrant les mains, ne me le demandez pas, ne me demandez rien ; je ne puis vous répondre.

» — Vous connaissez donc son secret ?

» — Je l'ai révélé, à moi, Théobaldo le prêtre, le ministre de Dieu.. et sous le sceau inviolable de la confession.

» — Un seul mot, lui dis-je ; m'aime-t-il encore ?

» — Plus que jamais.

» — Est-il libre ?

» — Il l'est toujours ; il n'a aimé et n'aimera jamais que vous. Voilà, continua-t-il avec émotion, ce que peut-être je ne devrais pas vous dire... Mais vous comprenez d'après cela que pour son bonheur et pour le vôtre... il ne faut pas vous voir... Je lui en ai imposé la loi... Il m'a juré de s'y soumettre et j'aime à croire qu'il tiendra sa parole.

» — Vous avez raison, il le faut.

» Et malgré moi je versais des larmes, et une horrible incertitude m'agitait encore et me brisait le cœur.

» — Cette nuit, lui dis-je, où vous deviez nous unir, a-t-il été obligé de s'éloigner par force et par violence.

» — Non, de lui-même, contraint seulement par l'honneur et par le devoir.

» — Une demande encore, Théobaldo : à sa place auriez-vous agi de même ?

» — Oui, signora.

» — Ainsi donc vous approuvez sa conduite d'alors et celle d'aujourd'hui ; et son silence, et son absence, et jusqu'au mystère qui l'environne ?

» — Oui ! répondit-il d'une voix ferme et sans hésiter, je l'approuve.

» — Et moi alors je suis tranquille ! m'écriai-je en lui tendant la main ; comme lui, Théobaldo, je serai digne de vous, comme lui je resterai fidèle à l'honneur et au devoir !

» Le comte de Popoli parut : le vaisseau était prêt, il fallait partir ; les jours de l'exil commençaient pour moi. Adieu donc, ma patrie ! me dis-je en pleurant ; adieu, beau ciel de Naples ! adieu tout ce que j'aime ! Et le vaisseau nous emportait, nous pauvres bannis ! bannis pour toujours !... Ce mot retentissait à mon oreille plus haut que le bruit des vagues et les cris des matelots, tandis que de loin et debout sur le rivage, Théobaldo agitait encore, en signe d'adieu, un mouchoir blanc qui bientôt s'effaça et disparut dans la brume du soir. Longtemps je m'efforçai de l'apercevoir, et quand je ne le vis plus, tout fut fini pour moi, je me crus seule au monde.

» Dans l'adversité on trouve aisément du courage pour souffrir avec ceux qu'on aime. Mais une grande infortune à subir avec des indifférens, le malheur à partager avec ceux qu'on n'aime pas, ce sont deux supplices dont le premier n'est peut-être pas le plus cruel. Il me fallait supporter les plaintes, la mauvaise humeur et même les reproches du comte de Popoli ; car il me reprochait tout... jusqu'à la misère que je ne connaissais pas, et qui vint bientôt nous assaillir.

» Nous avions cherché un refuge en Angleterre, et nous y étions arrivés sans lettre de crédit, sans ressources, sans argent ; nos biens confisqués ne nous permettaient pas d'en attendre, et jugez de mon effroi, lorsque dans l'auberge où nous étions descendus depuis jours, on nous demanda le prix d'un logement que les bagues et les bijoux qui me restaient ne pouvaient pas même acquitter... Nous allions donc être chassés honteusement. Nous allions nous trouver sans pain et sans asile... lorsqu'arriva pour le comte de Popoli, et j'ignore par quel moyen, car personne au monde ne pouvait connaître son arrivée, ni notre adresse, un paquet de Londres et une lettre par laquelle un ancien débiteur du duc d'Arcos, mon oncle, remettait à sa nièce une somme de dix mille livres sterling qu'il lui devait depuis longtemps.

» Le comte regarda cet argent comme tombé du Ciel, et moi qui n'avais qu'un ami sur la terre, je devinai sans peine, aux termes même de la lettre, celui qui cachait ainsi ses bienfaits sous la forme de la reconnaissance.

» Évitant le séjour des villes, nous résolûmes de nous fixer à la campagne, dont le séjour devenait nécessaire à ma santé déjà affaiblie. Le comte chargea un homme d'affaires de nous chercher une résidence modeste et convenable, et il se présenta une admirable occasion ; une maison de campagne charmante aux environs de Londres, située comme je pouvais le désirer, meublée avec goût et élégance ; de plus, de belles eaux, un parc magnifique, et tout cela pour un prix peu considérable. Un lord, qui partait en voyage, avait grand désir de louer cette campagne, et l'affaire fut conclue en un instant. Mon mari était enchanté de la beauté de cette habitation, que je regardai avec indifférence et bientôt avec surprise, lorsque je trouvai pour moi un cabinet de travail meublé et disposé comme l'était le mien dans le château du duc d'Arcos. C'était le même clavecin, et sur ma table mes auteurs favoris, mes livres habituels, qu'une main généreuse et attentive avait sans doute achetés et recueillis pour me rendre, dans mon exil, les souvenirs de mon bonheur passé et de la patrie absente.—Merci, Carlo, dis-je à voix basse.

VII.

» Quelques semaines s'écoulèrent dans un repos et une solitude douce pour moi, mais insupportable pour mon mari, qui regrettait ses forêts et ses parties de chasse. Une vie animée et active lui convenait mieux. Il était brave, c'était une justice à lui rendre ; et banni pour jamais de son pays, il résolut de prendre du service en Angleterre. Il présenta une demande aux ministres de Georges II, qui le refusèrent. On me conseilla alors de m'adresser pour lui à la reine. Je me rendis au palais, et Sa Majesté, tout en m'accueillant avec bienveillance, m'exprima ses regrets de ne pouvoir accorder un emploi à un étranger proscrit par la cour de Madrid.

» — C'était, disait-elle, s'exposer aux justes réclamations de l'Espagne et de son envoyé.

» En ce moment on annonça le roi, et Georges II parut, s'appuyant sur le bras d'un jeune seigneur de bonne mine, élégamment vêtu. J'eus peine à retenir un cri de surprise en reconnaissant Carlo. Il pâlit à ma vue et s'appuya sur un fauteuil. La reine lui tendit la main, et lui dit avec bonté :

» — Asseyez-vous, Carlo.

» Il s'inclina respectueusement et resta debout ; il continua à me regarder sans m'adresser une parole, et moi je pris congé de Leurs Majestés et rentrai chez moi dans un trouble impossible à décrire. Le comte de Popoli m'attendait avec impatience, et je lui racontais le mauvais succès de ma démarche et mon peu d'espoir, lorsqu'une voiture entra dans la cour. Les portes du salon s'ouvrirent, et je vis paraître Carlo. Oui, c'était lui qui, chez moi, devant mon mari, se présentait avec calme et assurance.

» — Monsieur, dit-il au comte de Popoli, je dois tout aux bienfaits du duc d'Arcos et de sa nièce, et mon seul désir était de pouvoir m'acquitter un jour. Des circonstances favorables m'ont donné à la cour et au ministère quelques amis que j'ai fait agir en votre faveur. On vous accorde un emploi honorable dans l'armée anglaise, car les braves sont de tous les pays, a dit le roi en signant le brevet ; et moi je suis heureux en vous l'apportant de venir ici vous présenter mes excuses pour des torts de jeunesse que je vous prie d'oublier.

» Il y avait dans son accent tant de loyauté et de franchise, que le comte, ne pouvant maîtriser son émotion, lui tendit brusquement la main en lui disant :

» — C'est moi, monsieur, qui avais tous les torts. Votre main... et votre amitié ; car désormais vous avez la mienne.

» Dès ce jour, Carlo revint chez nous.—J'ai juré à Théobaldo, me dit-il, de ne jamais vous parler de mon amour, et je tiendrai mon serment. Mais j'avais juré aussi de veiller sur vous, de vous protéger, de vous consacrer ma vie entière ; j'avais ce droit et j'en use. C'est un ami... un frère... qui ne réclame rien que votre vue... car vivre sans vous voir m'est impossible, je l'ai essayé et j'y renonce ; autant vaudrait mourir.

» En effet, presque tous les jours Carlo venait nous voir ; mais, fidèle au plan qu'il s'était tracé, il choisissait de préférence les heures où mon mari était au logis ; et nul, excepté moi, n'eût pu deviner ce qui se passait dans son cœur. Jamais un mot, jamais un regard d'amour : mais à cette émotion intérieure que tout trahit aux yeux de ce qu'on aime, au changement de ses traits, à la fièvre secrète qui sans cesse le consumait, je voyais, je comprenais ses tourmens. Ils étaient grands, sans doute, mais moins que son courage. D'après quelques mots qui lui étaient échappés, et d'après ce que m'avait dit Théobaldo, j'avais compris qu'au moment de s'unir à moi, un devoir impérieux et sacré que je ne pouvais connaître l'avait éloigné de nous... Et maintenant il revenait, il m'aimait toujours, il était libre, et j'étais unie à un autre, j'étais enchaînée pour jamais ! Une ou deux fois je me trouvai seule avec lui, et alors tout son courage et sa résolution l'abandonnaient ; son émotion était si grande qu'à peine pouvait-il parler, et moi, plus troublée et plus tremblante que lui, je cherchais à amener la conversation sur nos souvenirs d'enfance, sur ceux de notre jeunesse ; puis, poussée malgré moi par une curiosité secrète, je revenais toujours à l'époque de notre séparation.

» — Cet homme, lui disais-je, cet étranger qui vint le soir vous demander, et qui causa si long temps avec vous, ne fut-il pas la cause de votre départ ?

» — Oui, me dit-il d'une voix sombre, c'est pour lui et par lui que tout mon bonheur s'est dissipé... alors il a fallu vous fuir... alors... dans ma douleur, dans mon désespoir... je n'ai trouvé de consolation et d'oubli à mes maux que dans l'étude et le travail. Ces talens que je vous devais... car je vous devais tout, m'ont ouvert une carrière à laquelle jusqu'alors je n'avais pas pensé. Ils m'ont conduit à la fortune... fortune honorable, je vous l'atteste ! Votre ami et l'ami de Théobaldo n'a jamais cessé d'être honnête homme, sans cela il ne serait pas devant vous... il n'oserait lever les yeux sur l'ange qu'il aime, qu'il adore... Non, non, reprit-il en baissant la voix, qu'il révère, qu'il respecte, et qui lui est ravi pour toujours !

» En achevant ces mots, il cacha sa tête dans ses mains pour me dérober ses pleurs ! Mais j'entendais ses sanglots.

» — Carlo, lui dis-je avec douceur, il y a un secret qui pèse sur votre existence.

» — Oui, un secret qui me tuera.

» — Ce secret, continuai-je, que vous avez révélé à Théobaldo, ne me croyez-vous pas capable de le connaître ?

» Il tressaillit et me regarda avec effroi.

» — Ignorez-vous donc, continuai-je, que je vous suis aussi dévouée que Théobaldo, que je vous aime autant que lui... ah ! mille fois davantage !... On a dû vous dire que j'avais quelque énergie, quelque courage, que l'approche de la mort et la vue de l'échafaud ne m'avaient pas fait pâlir, et vous croyez qu'un secret d'où dépend votre sort ne peut pas m'être confié ! Théobaldo le garde par amour pour son Dieu ! moi, je le garderais par amour pour vous, et le fer du bourreau ne me l'arracherait pas !

» Carlo me contempla quelques instans avec amour et reconnaissance ; un éclair de bonheur brilla dans ses yeux, je crus qu'il allait céder, mais il me répondit tristement.

» — Ce secret, Juanita, ne me le demandez pas... si vous m'aimez ; car je ne puis vous le dire sans mourir, et le jour où vous le connaîtrez j'aurai cessé de vivre !

» En ce moment mon mari rentra, et Carlo, faisant un effort sur lui-même, reprit l'air enjoué et la conversation vive, piquante et sans prétention qui lui étaient habituels. Il y avait dans la franchise de ses manières, et dans la gracieuseté de ses paroles un charme dont on ne pouvait se défendre ; auprès de lui on se trouvait aimable, et il donnait de l'esprit à ceux qui l'écoutaient. Le comte de Popoli lui-même cédant à son ascendant irrésistible se trouvait entraîné, séduit et tout étonné d'éprouver un plaisir qui ne fût pas celui de la chasse. Aussi, le jour où Carlo ne venait pas, il était de mauvaise humeur et querellait tout le monde, à commencer par moi.

» Il avait désiré passer dans un régiment qui allait servir en Hanovre, et sa demande lui avait été à l'instant accordée ; il était au mieux en cour et semblait protégé en tout par une main invisible. Mais le plus étonnant c'est que j'avais parlé plusieurs fois à des personnes de Londres de Carlo Broschi, et que nul ne connaissait ce nom, et n'avait entendu parler de celui qui le portait. Un jour, un homme demanda aux gens de la maison si le signor Broschi devait venir, car il ne l'avait pas trouvé à son hôtel, et il fallait absolument qu'il le vît aujourd'hui même. On vint m'avertir, et comme j'attendais en effet Carlo, je fis entrer celui qui désirait lui parler. C'était un vieillard fort bien mis, un air respectable, des cheveux blancs, une figure pleine de bonhomie qu'animaient des yeux encor vifs et brillans. Je lui parlai de Carlo, et soudain il releva la tête avec une expression de joie et de fierté. Carlo était son dieu et son idole ; il n'y avait sur la terre personne qui lui fût comparable. Puis, tout à coup, et comme s'il eût craint que son enthousiasme l'emportât trop loin, il s'arrêtait au milieu de ses éloges.

» — Je ne puis pas parler, disait-il, mais si vous le connaissiez comme moi, si vous saviez tout le bien qu'il fait, l'or qu'il répand à pleines mains... Un homme si supérieur... un homme si riche être si simple... si modeste et si doux ! car c'est la bonté même... il ferait de la peine à personne... qu'à une seule peut-être...

» Et le vieillard essuyait une larme ; et plus je l'entendais, plus il me semblait qu'une voix autrefois connue frappait mon oreille ; et l'étranger allait continuer l'éloge de Carlo, quand celui-ci entra dans le salon. A la vue du vieillard, son visage devint pourpre ; ses yeux, d'ordinaire si doux, lancèrent des éclairs, et un tremblement nerveux s'empara de lui.

» — Vous ici, s'écria-t-il, qui vous a permis d'y venir ? qui a vous a permis de vous présenter devant moi ?

» — Je ne voulais que te voir un instant, Carlo, répondit le vieillard en tremblant ; il y a si longtemps que ce bonheur-là ne m'était arrivé !

» — Que voulez-vous ? continua Carlo en cherchant, à cause de moi, à calmer sa colère. Je vous faisais dix mille livres de pension, vous en aurez quinze ! en voulez-vous plus ?

» — Non, tu le sais bien... ce n'est pas cela que je te demande.

» — Vous en aurez vingt, à la condition que vous partirez à l'instant, et que je ne vous reverrai plus.

» — Et moi, je refuse, si tu ne me permets pas de te voir au moins une fois par an.

» — Soit ! répondit Carlo, dont l'accès de colère allait recommencer !... Mais partez... éloignez-vous !

» — J'obéis, Carlo, dit le vieillard en pleurant. Tu n'es cruel et méchant que pour moi seul... Je ne me plains pas, tu en as le droit... Mais un jour tu me rendras plus de justice... Adieu donc, et dans un an... n'est-ce pas ? Adieu, Carlo, je vais prier pour toi.

» Il sortit. Et Carlo tomba dans un fauteuil, encore ému et furieux.

» — Eh ! mon Dieu ! lui dis-je en m'approchant, quel est donc ce vieillard ?

» — Quoi ! signora, ne vous le rappelez-vous pas ? Ne l'avez-vous pas reconnu ? me dit-il d'un ton brusque.

» — Eh ! non vraiment.

» — C'est mon père.

» — Votre père ? m'écriai-je ; mon ancien maître de clavecin..., ce bon Gherardo Broschi... Ah ! qu'il revienne, de grâce ! qu'il revienne. Je serai si heureuse de l'embrasser !...

» Et je courais ouvrir la fenêtre pour le rappeler. Carlo m'arrêta. Je vis à travers les carreaux le vieillard qui s'éloignait dans le parc, et, frappée alors de sa démarche et de sa tournure, je m'écriai :

» — C'est l'étranger qui, au château d'Arcos, est venu vous demander dans cette soirée fatale ?

» — Lui-même. Il était parti dix ans auparavant pour Saint-Pétersbourg, où il était devenu le maître de musique et bien mieux le confident de l'impératrice Catherine ; elle l'avait employé dans des intrigues que le czar avait découvertes, et Pierre, qui ne plaisantait pas, avait envoyé Gherardo en Sibérie. Il y est resté sept ans sans pouvoir donner de ses nouvelles, et est revenu à Naples le soir même où nous devions nous marier...

» — Et pourquoi, vous, Carlo, qui êtes si bon avec tout le monde, traitez-vous votre père avec tant de dureté ?

» Carlo ne répondit pas.

» — Pourquoi refuser de le voir ?

» Pourquoi ! me dit-il d'un air sombre et avec un tremblement convulsif ; c'est qu'à sa vue il me prend toujours des envies de le tuer !

» — Oui... c'est horrible, n'est-ce pas ? Et comme je ne veux pas devenir parricide, je l'ai banni de ma présence. C'est mal, sans doute, et je m'en accuse ; mais cela vaut mieux.

» Et sa tête tomba sur sa poitrine, et il garda le silence.

» Quelques jours après nous reçûmes une visite à laquelle nous étions loin de nous attendre. Carlo venait souvent déjeuner et passer les matinées avec nous. Un domestique en habit violet entra, et dit à demi voix à Carlo que monseigneur l'évêque de Nola demandait à lui parler. Carlot tressaillit et s'écria :

» — Lui !... en Angleterre ! .. Qui l'y amène ?... Pourquoi n'entre-t-il pas ? Craint-il de revoir ses amis et de se retrouver au milieu d'eux ?

» Les deux battans s'ouvrirent, et parut Théobaldo. Mon mari jeta un cri de surprise :

» — Est-il possible ! l'ancien aumônier des ducs d'Arcos ! celui qui, l'année dernière encore, était notre chapelain ! Le voilà dans les hautes dignités de l'église !

» Puis, s'approchant de lui, et le saluant avec respect :

» — Il paraît, signor Théobaldo, que vous avez fait votre chemin ?

» — Non par mes talens, ni mon mérite, répondit froidement Théobaldo ; mais grâce à la protection de quelques amis.

» — Qui ont tenu leurs promesses ! m'écriai-je vivement.

» — Non pas toutes... dit-il avec une expression de mécontentement, en jetant un regard sévère sur Carlo, assis à côté de moi.

» Puis s'adressant à lui :

» — Je suis venu jusqu'ici parce qu'il faut que je te parle.

» — Plus tard, monseigneur, lui dit Carlo avec une douce voix et un sourire gracieux qui semblaient vouloir désarmer sa rigueur. Nous avons le temps.

» — Non pas, répondit Théobaldo avec rudesse. Je viens te chercher ici, et il faut partir aujourd'hui même.

» — Et pour quelles raisons ?

» — Des raisons importantes que je dois t'apprendre.

» — Que nous ne gênions point votre grave conférence, s'écria le comte de Popoli. Veuillez passer dans mon cabinet, que je mets à votre disposition ; aussi bien j'allais sortir, et je vous prie d'agir comme moi, en toute liberté et sans façons.

» Il ouvrit la porte de l'appartement à côté, où les deux amis entrèrent ; puis il partit et me laissa seule dans le salon.

» Alors je ne sais comment vous dire ce qui se passa en moi, et l'horrible tentation qui me saisit. Théobaldo et Carlo étaient là... à deux pas... s'entretenant sans doute de ce mystère d'où dépendait leur sort, et par conséquent le mien. Et ce secret terrible qu'ils craignaient de me confier, ces périls peut-être que leur amitié avaient juré de m'épargner, je voulais les leur dérober pour les partager avec eux... et malgré eux... Oui, leurs périls, leurs chagrins, leurs malheurs m'appartenaient... C'était un bien dont ils n'avaient pas le droit de me priver. Je me trouvai près de la porte, et là, pâle, haletante, respirant à peine, je baissai la tête et j'écoutai.

VIII.

» J'écoutai donc ! mais leurs voix n'arrivaient à mon oreille que par intervalles, et j'avais perdu le commencement de leur conversation.

» — Oui, disait Théobaldo, pour ton bonheur et surtout pour le sien, tu m'avais juré de ne plus la voir.

» — Je ne le puis... je l'aime plus que jamais !

» — Pour toi alors, et non pour elle... car peu t'importe son repos, peu t'importe le seul bien qui lui reste, sa réputation, que nous, ses amis, nous devons défendre, et que tu compromets aux yeux de tous !

» — Tu dis vrai... mais je l'aime... et tu ne peux comprendre, toi, dont le cœur est glacé, ce que dans ma bouche ce mot a de délire, de rage et de désespoir.

» — Ainsi donc, s'écria Théobaldo en élevant la voix avec colère, c'est pour un amour insensé, criminel, que tu sacrifies la reconnaissance et le devoir.

» — Le devoir !

» — Oui, le roi est malade, il te réclame... il a besoin de toi. Ses jours, que tu as déjà sauvés, sont de nouveau en danger, et tu oublies près d'une femme et tes sermens et ton bienfaiteur.

» — Mais cette femme, c'est tout pour moi ; c'est mon âme et ma vie.

» — J'ai pitié de toi, Carlo ; mais je ne transige point avec le devoir, je viens te chercher, et tu me suivras.

» — Je ne puis quitter Juanita.

» — Tu me suivras, te dis-je.

» — Pas maintenant, du moins.

» — Aujourd'hui même, à l'instant.

» — Jamais !

» — Je saurai t'y contraindre.

» — Je t'en défie !

» — Eh bien ! donc, et pour sauver du moins l'un de vous deux, je vais tout dire à Juanita... Et je l'entendis qui s'avançait vers la porte.

» Carlo poussa un cri. — Je t'obéis... je pars... je quitte l'Angleterre. Laisse-moi seulement encore une heure près d'elle.

» — Une heure, soit ! répondit Théobaldo.

» — Et j'irai te rejoindre, dit Carlo.

» — Non, je vais faire préparer la voiture, et reviendrai ici te chercher moi-même... c'est plus sûr.

» Tous deux sortirent du cabinet ; Théobaldo prit congé de nous, et je restai seule avec Carlo.

» La conversation que je venais d'entendre, quoique bien obscure pour moi, m'avait fait du moins connaître, non l'amour de Carlo, je n'avais pas besoin de l'apprendre, mais la source et l'origine de sa fortune. Il me semblait avoir compris que les jours du roi avaient été en danger, et que, par sa science, Carlo l'avait rappelé à la vie. Et, en effet, Carlo ne m'avait pas dit lui même que l'étude et le travail lui avaient ouvert une nouvelle carrière ; et d'après ce que je savais de son aptitude à tous les arts, celui de la médecine avait pu, aussi bien que tout autre, le conduire à la fortune et à la renommée. Par là s'expliquaient son crédit à la cour et la faveur dont il jouissait près des têtes couronnées. Mais pourquoi ne pas en convenir ? Pourquoi me cacher des succès dont j'eusse été fière pour lui ? Voilà ce dont je ne pouvais me rendre compte, et ce que j'espérais savoir.

» Il était devant moi, me regardant d'un air triste et embarrassé, ne sachant sans doute comment m'annoncer son départ. Je vins à son aide, et lui tendant la main :

» — Pardonnez-moi, Carlo, pardonnez à une coupable l'indiscrétion dont elle s'accuse. Je voulais, sans vous le demander, pénétrer votre secret ; je vous ai écoutés.

» A ces mots, la pâleur de la mort se répandit sur tous ses traits ; ses yeux devinrent livides et terreuses, et il tomba à mes pieds immobile et glacé... Ah ! dans ce moment horrible, je ne connus plus rien... Éperdue, hors de moi, je me précipitai à genoux devant lui, me sentant prête à le suivre.

» — Carlo ! m'écriai-je ; Carlo, m'entends-tu ? reviens à toi pour entendre que je t'aime !

» Et sur ses lèvres, je sentis errer un léger souffle ; son cœur n'avait pas cessé de battre... Il existait encore. J'ouvris mes fenêtres ; un air plus pur vint le rafraîchir et le ranimer. Je lui fis respirer mes flacons, mes sels les plus actifs. Enfin il rouvrit les yeux ; mon nom fut le premier qu'il prononça ; et, soulevant avec peine sa tête que je tenais appuyée sur mon sein :

» — Où suis-je ? dit-il.

» — Près de moi, près de votre amie, qui vous demande grâce et pardon ; et en peu de mots je lui racontai mon crime, mon imprudence, et tout ce que j'avais entendu.

» A mesure que je parlais, la teinte livide de ses traits s'effaçait peu à peu. Une rougeur légère les colorait ; le sang et la vie circulaient dans ses veines... Et, se sentant baigné de mes pleurs, sentant les battemens de mon cœur, qui malgré moi, lui disaient mes alarmes et mon amour :

» — Ange du ciel ! s'écria-t-il, est-ce vous qui m'appelez et qui venez chercher mon âme ?

» — Non, non, lui dis-je, cette âme si noble et si pure doit encore rester sur la terre ; elle est à nous, elle nous appartient.

» — Oui, tu dis vrai, s'écria-t-il avec chaleur, elle est à toi, et à toi plus qu'à Dieu même ! Car toi seule peux dire à mon cœur de battre ou de s'arrêter ; toi seule peux m'ôter et me rendre la vie. O Juanita ! tu ne sauras jamais ce que j'ai souffert... Vivre près de toi, s'enivrer de ton souffle, se sentir consumer d'amour sans oser, sans pouvoir te le dire... c'est de tous les tourmens le plus affreux ; et ce tourment, je le subis à tous les instans du jour, et ce tourment, tu le vois, je ne puis y renoncer, je ne puis te quitter sans mourir !

» Et il était à mes genoux, et il couvrait mes mains de ses baisers... Et dans mon trouble, dans l'égarement de mes sens, je n'entendis même pas qu'une porte venait de s'ouvrir. Le comte de Popoli était derrière nous et nous regardait. Si je vous ai bien dépeint la violence de son caractère, vous comprendrez sans peine de quelle fureur il fut animé. Il s'élança vers nous, et soudain je vis briller deux épées. Carlo fit tomber celle de son adversaire, et, baissant la pointe de la sienne :

» — Écoutez-moi, de grâce, disait-il, écoutez-moi ; la signora est innocente, je l'atteste devant Dieu.

» — Eh bien ! donc, va te justifier devant lui ! s'écria le comte qui venait de ramasser son arme, et qui recommença avec une rage qui devait lui être fatale. En voulant se jeter sur Carlo, qui ne faisait que se défendre, il s'enferra de lui-même et tomba mortellement blessé. En ce moment quelqu'un se précipita dans le salon. C'était un ami, un sauveur ; c'était Théobaldo.

« — Malheureux ! cria-t-il à Carlo, va-t-en, va-t-en ! Ma voiture est en bas, fuis... sinon pour toi, au moins pour l'honneur de Juanita.

» — Et cet honneur ! m'écriai-je avec désespoir, qui pourra le sauver maintenant ?

» — Moi, dit Théobaldo, moi, dont le seul devoir est de veiller sur vous.

» Et il courut à mon mari qui, rassemblant le reste de ses forces, avait saisi le cordon de la sonnette. A ce bruit tous les gens de la maison accoururent en foule. Carlo venait de disparaître ; mais ils virent leur maître étendu sanglant sur le parquet, Théobaldo le soutenant dans ses bras, et à genoux, à moitié évanouie. On s'empressa autour du comte, on lui prodigua des soins que lui-même jugeait inutiles. Et, pendant que l'on pansait sa blessure :

» — Allez, dit-il d'une voix mourante à ses serviteurs ; faites venir l'alderman, les magistrats, c'est devant eux que je veux parler...

» — Oui, dit Théobaldo, exécutez les ordres de votre maître, mais d'ici-là, laissez-nous seuls avec lui.

» Ils sortirent tous de l'appartement, et Théobaldo s'approchant du lit où l'on avait transporté le mourant :

» — Quel est votre dessein, monsieur le comte ? lui demanda-t-il d'une voix grave et solennelle.

» — De charger les lois de ma vengeance, de dénoncer aux magistrats l'adultère et son complice... pour qu'après moi et aux yeux de tous, ceux qui m'ont indignement trahi et déshonoré soient punis à leur tour par le déshonneur, par un châtiment public et honteux !... Et enfin, continua-t-il d'une voix plus faible, mais avec des yeux où brillaient la fureur et la jalousie, pour qu'ils ne puissent se réjouir de ma mort qu'ils ont causée... pour qu'après moi ils ne puissent jamais s'unir...

» — Et que dira Dieu devant qui vous allez paraître ? s'écria Théobaldo avec un accent terrible, si vous avez accusé et flétri l'innocent, si vous avez voué à l'opprobre et à l'infamie votre femme qui jamais ne fut coupable ?

» — Vous espérez en vain me tromper, dit le mourant.

» — Ministre du ciel, je dis la vérité ; je la dis devant votre lit de mort et devant Dieu qui m'entend.

» — Et moi je ne puis vous croire, et en présence de ces dignes magistrats... je parlerai.

» Dans ce moment, en effet, l'alderman et ses assesseurs paraissaient à la porte de l'appartement ; les domestiques se pressaient derrière eux et sur l'escalier.

» — Ah ! dis-je à Théobaldo, je suis perdue !

» — Non pas ! tant que je vivrai.

» Et se précipitant à genoux auprès du lit :

» — Écoutez-moi, dit-il, écoutez-moi, au nom de votre âme !

» Et se penchant vers l'oreille du comte, il lui dit quelques mots à voix basse. Pendant ce temps les magistrats s'approchaient lentement du lit qu'ils entourèrent.

» Alors le comte de Popoli, soutenu par Théobaldo, essaya de se lever sur son séant, et s'adressant à cette foule qui attendait en silence sa déclaration :

» — Messieurs, dit-il, je déclare que j'ai été loyalement
» blessé par le seigneur Carlo Broschi dans un duel où je
» l'avais provoqué. Je demande donc à vous, mes amis, et
» à ma famille dont je connais l'amour et la fidélité à tous
» ses devoirs, de ne poursuivre ni inquiéter personne pour
» ma mort. Maintenant, mon père, dit-il à Théobaldo, bé-
» nissez-moi ! »

» — Que Dieu te reçoive dans son sein ! dit le prêtre au mourant.

» Et il commença les prières de l'église, auxquelles les assistans répondirent, et il répandit sur son front l'huile sainte... Un rayon de joie brilla dans les yeux du comte, il serra la main de Théobaldo, me tendit l'autre en me disant avec bonté :

» — Pardonnez-moi !...

» Et le ciel s'ouvrit pour lui.

» Il me serait impossible de vous peindre tout ce que j'éprouvai pendant cette scène si longue, si horrible et si étrange ! Tant d'émotions diverses, d'amour, de terreur et de surprise, m'avaient assaillie à la fois, que mes forces étaient épuisées, ma raison affaiblie, et, depuis longtemps l'orage était passé que je ne pouvais croire encore au calme qui lui avait succédé.

» Fidèle au silence et à la discrétion qu'il s'était imposés, et sans s'expliquer en rien sur les étranges événemens dont nous avions été les acteurs ou les témoins, Théobaldo m'avait quittée quelques jours après la mort du comte de Popoli :

» — Vous n'avez plus besoin de moi, m'avait-il dit. Je vous laisse environnée de l'estime publique et du respect que vous méritez. Si le malheur revient... je reviendrai. Un autre réclame mes soins, un autre ami plus à plaindre que vous... car il est coupable !

» Et il partit.

IX.

» Je restai seule dans cette campagne, autrefois si belle et maintenant si triste ; j'y passai les premiers mois de mon veuvage, ne recevant aucune lettre, aucune nouvelle de mes amis ! Pourquoi ?... je l'ignorais. La maladie dont j'avais ressenti les premières atteintes commençait alors à donner plus d'inquiétudes à ceux qui m'entouraient. Quant à moi, je m'en occupais peu... ce n'était pas là qu'étaient mes pensées. Enfin un jour je reçus une lettre dont l'écriture seule me fit tressaillir ; vous devinez que c'était de lui, c'était de Carlo. Il me disait que Théobaldo lui avait défendu de m'écrire ; mais il apprenait que j'étais souffrante, que j'étais malade, et il ne prenait plus conseil que de lui-même.

» Le climat de l'Angleterre ne vous convient pas, continuait-il ; il augmente votre mal, il vous faut un climat plus chaud et plus doux, le beau soleil de Naples et l'air de la patrie. Revenez, non pas au château du duc d'Arcos, qui vous rappellerait de tristes souvenirs, mais à Sorrente, au bord de la mer, dans cette riante villa qui vous appartient, et où l'amitié vous attendra.

» — Ah ! m'écriai-je étonnée, a-t-il donc oublié que j'ai tout perdu, que rien ne m'appartient plus, pas même l'air de mon pays, dont je suis chassée et bannie... Mais quelles furent ma surprise et ma joie, lorsque je vis joint à cette lettre un décret du roi qui me rendait ma patrie et les biens de ma famille. Je n'étais plus exilée, j'étais riche et heureuse, et plus heureuse encore de devoir mon bonheur à l'ami de mon enfance ! Ah ! que la reconnaissance est douce envers celui qu'on aime, et qu'on accepte avec joie des bienfaits qui vous obligent à l'aimer encore plus. À l'instant même je quittai l'Angleterre, je m'embarquai quoique souffrante et seule. Seule ! non je ne l'étais pas : de joyeuses pensées m'environnaient, et d'autres plus riantes et plus douces m'attendaient au rivage, j'allais revoir cette belle Italie que j'avais cru quitter pour jamais ! Esclave j'étais partie, et je revenais libre... Libre ! Ah ! dans la situation où j'étais, que de rêves malgré moi s'éveillaient à ce mot ! Vaines illusions, peut-être, que la raison voudrait et ne peut bannir ! Espérances insensées qui naissent du cœur et qui sans cesse exilées reviennent toujours vers leur patrie ?

» Enfin je touchai le rivage de Sorrente, je revis ces délicieuses campagnes qui avaient appartenu au duc d'Arcos et qu'il n'avait jamais habitées. Carlo m'y attendait, je courus à lui pleine de joie et d'ivresse, heureuse du présent et de l'avenir, et je fus tout à coup surprise de la tristesse empreinte sur ses traits. Que pouvait-il avoir maintenant à craindre ou à désirer ? J'étais libre ! Je compris que ma santé était la cause de son chagrin et de ses inquiétudes ; je lui sus gré de ses alarmes, et mon amour s'augmenta de tous les soins dont il m'environnait. Il me semblait si doux de lui devoir la santé, de ne la devoir qu'à lui seul et à ses talens !

» — Hélas ! me dit-il, vous vous trompiez en me supposant si habile... Je ne le suis pas.

» N'êtes-vous donc pas un célèbre médecin ?

» — Ah ! de toutes les sciences, c'est aujourd'hui la seule que j'envierais. Mais, hélas ! je ne la possède pas, et la preuve, c'est, que je ne puis vous guérir, et qu'il faut céder à d'autres un pareil bonheur.

— En effet, il fit venir de Naples un savant docteur qui ne nous quitta plus, et Carlo me suppliait de lui obéir, et il attribuait à ses soins et à ses talens le changement heureux qu'il remarqua bientôt.

» — Vous vous abusez, lui disais-je ; ce changement, je le dois à vous et à votre présence.

» En effet, jamais ma vie ne s'était écoulée plus heureuse et plus douce. Certain de moi et de mon amour, Carlo eût craint de me parler de ses espérances, et ma réserve égalait la sienne. Avais-je besoin de lui dire : Ce cœur est à toi ! Pouvais-je lui donner ce qui ne m'appartenait plus ? Mais encore quelques mois de silence et de contrainte, et les jours de veuvage seraient expirés ; et cet amour, qui était maintenant un crime, serait alors un devoir !

» Sans nous parler nous nous entendions, et nos jours se succédaient dans cette tranquille ivresse et dans cette douce certitude, qui est encore du bonheur ! mes craintes, mes inquiétudes, mes anciennes défiances, tout s'était dissipé. L'avenir m'avait fait oublier le passé, et pourtant Carlo ne m'avait rien dit, rien avoué ; ne me semblait qu'entre nous il n'y avait plus de secret, plus de mystère... Que pouvais-je lui demander ? Il m'aimait ! Qu'importait le reste ? Comme aux jours de notre enfance, nous avions retrouvé nos gais entretiens et nos longues promenades. Sa conversation, toujours si attachante, était maintenant plus grave et plus instructive. Élevée loin du monde, je le connaissais à peine, et Carlo m'initiait à tous les grands événemens qui alors agitaient notre patrie et l'Europe entière. Il me parlait de ses principaux souverains ; il me peignait leurs traits, leur politique, leur caractère, comme s'il eût vécu dans leur intimité. Il me les montrait voulant entraîner l'Espagne dans des alliances et dans de nouvelles luttes glorieuses peut-être, mais moins utiles pour elle que la paix dont elle avait besoin pour cicatriser ses blessures ; il m'expliquait comment elle pouvait, dans sa combattre, devenir plus puissante et plus respectée que par la guerre.

» — Mon Dieu ! Carlo, lui disais-je, où avez-vous appris tout cela ? Savez-vous que vous seriez un très grand et très habile ministre ?

» Il sourit et ajouta d'un air préoccupé :

» — M'en préserve le ciel ! La puissance est si loin du bonheur ! et le bonheur, pour moi est ici, près de vous.

» Puis, pressant mon bras, que j'appuyais sur le sien, et jetant les yeux sur ce beau golfe de Naples, sur cette mer embaumée dont les vagues caressantes venaient expirer à nos pieds, sur ce soleil couchant qui étincelait de mille feux :

» — C'est ici, s'écria-t-il, sur ces rivages de Sorrente, que le Tasse a vu le jour, qu'il a aimé, qu'il a souffert !

» Et, cédant à son enthousiasme, sa voix émue et attendrie me parlait du Tasse, de sa gloire, de ses malheurs ; et ses paroles éloquentes retentissaient à mon oreille comme une douce harmonie, comme les vers même du poète qu'il célébrait. Et je l'écoutais... et je l'admirais... glorieuse et fière de lui et de son amour !

X.

» Nous passions nos soirées dans un pavillon élégant, situé au bord de la mer, et qui nous servait de bibliothèque et de salon de musique... Je me mettais à mon clavecin, et Carlo m'accompagnait. Il avait acquis un talent que je ne lui connaissais pas : il jouait de la harpe avec tant de perfection, que souvent, au milieu d'un morceau, je m'arrêtais pour l'écouter ; souvent, quand il était dans ses jours de tristesse et de rêverie, l'émotion qu'il produisait allait jusqu'aux larmes ; lui-même, maîtrisé par l'inspiration, éprouvait parfois le sentiment qu'il faisait naître. Je voyais tout à coup sa tête tomber sur son sein, la harpe échapper de ses mains, et son visage inondé de pleurs qu'il se hâtait d'essuyer en souriant ; puis, sur-le-champ, pour ramener la gaîté, il exécutait quelque boléro ou quelque joyeuse barcarole.

» Rien n'égalait la bonté de son cœur, et parfois, cependant, je dois en convenir, il avait dans le caractère des singularités et des bizarreries inexplicables. Une paysanne des environs, Fiamma, vint un jour me voir et me remercier de je ne sais quel service, et elle me raconta que, quelques années auparavant, pauvre et misérable, elle priait sur la grande route devant une madone, lui demandant du pain pour elle et sa famille. Une bourse pesante tomba à ses pieds, et elle vit un beau gentilhomme : c'était Carlo qui lui disait :

» — N'es-tu pas Fiamma, autrefois jardinière au château du duc d'Arcos !

» — Oui, signor, sans pain et sans asile depuis que notre maîtresse a été bannie et ses biens confisqués.

» — Cette bourse vient de sa part, prends-la, sois heureuse et prie Dieu pour elle.

» — Et pour vous, monsieur.

» Fiamma, enchantée, avait rendu rendu la joie à sa famille ; bien mieux encore, elle avait, grâce à la générosité de Carlo, épousé plus tard Giambatista, son amoureux, dont elle avait fait la fortune, et qui était maintenant un des maraîchers de Sorrente les plus habiles et les plus labolieux. Je voulus à mon tour causer une surprise à Carlo, et je donnai à Giambatista la place de jardinier en chef chez moi, où il vint s'établir avec sa femme et ses deux enfans. Puis, le lendemain de son arrivée, dirigeant ma promenade du côté de son habitation, j'y entrai avec Carlo, qui me donnait le bras. Je croyais que l'aspect de cet heureux ménage, de ce mari et de cette femme qui s'aimaient si bien, lui causerait une douce satisfaction.., et je vis au contraire sur ses traits une expression pénible qu'il se hâta vainement de réprimer! Quand les deux petits enfans vinrent, en se jouant, rouler à ses pieds, il fit un pas en arrière pour s'éloigner d'eux; puis, honteux de ce mouvement, il se rapprocha; mais, pendant que je les tenais sur mes genoux et les embrassais, à peine s'il leur fit quelque froide caresse. Chaque fois qu'il rencontrait dans le parc Fiamma ou son mari séparément, il leur parlait avec bonté et amitié, causant complaisamment de leurs travaux, et ne les quittant jamais sans leur laisser des marques de sa générosité. Dès qu'il les rencontrait ensemble, il détournait la tête et ne leur adressait pas la parole.

» — Je crois que vous aimez Fiamma, lui dis-je un jour gaîment, et que vous êtes jaloux de Giambatista.

» Il me regarda d'un air étonné, et comme s'il ne comprenait pas qu'une pareille idée pût me venir; aussi je me hâtai de le rassurer. Quant aux deux petits enfans, je remarquai que décidément lorsqu'il les apercevait dans une allée, il en prenait une autre. Il est vrai que ceux-là étaient fort bruyans, et que dans ses promenades Carlo recherchait surtout sa mélancolie habituelle semblait augmenter : je le surprenais souvent triste et rêveur, et pourtant chaque instant nous rapprochait du terme objet de nos vœux! Encore deux mois, et le temps de mon deuil était fini ! Qui pouvait donc ainsi troubler ses rêves de bonheur? Quels nuages pouvaient obscurcir de si beaux jours ! Carlo avait reçu plusieurs lettres qui paraissaient vivement le préoccuper; et, malgré la réserve que je m'étais imposée à cet égard, je me hasardai à l'interroger.

» — Hélas ! me dit-il, vous avez raison, votre cœur m'a deviné, j'éprouve un violent chagrin ! Il faut que je vous quitte, Juanita ! que je m'éloigne pendant un mois. Tout un mois sans vous voir; concevez-vous ma douleur?

» — Oui, lui dis-je, si j'en crois la mienne! Et pourquoi vous éloigner? Qui vous y oblige?...

» Je vis au trouble empreint sur tous ses traits que je ne pouvais le savoir.

» — Je ne vous le demande pas, m'écriai-je; je ne vous demande rien; votre amie ne veut rien de vos secrets... jusqu'au jour où ils seront les siens...

» Il tressaillit, et je me hâtai d'ajouter :

» — Jusque-là, et alors encore, c'est à vous de commander, et à moi d'obéir. Partez donc, puisqu'il le faut, et, si je vous suis chère, rendez-moi bientôt le bonheur que vous emportez.

» Il me jura de revenir avant un mois et partit... Le difficile alors fut d'occuper mes journées, de me créer des travaux, une existence nouvelle, en un mot, de vivre sans lui ! Ces lieux, si agréables et si riants quand il les habitait, ne me parlaient plus maintenant que de son absence, et je ne puis pas à y rester. Je voulais depuis long-temps et je devais remercier le roi de ses bienfaits et des grâces qu'il m'avait accordées. La cour voyageait, dit-on, dans ce moment, et devait séjourner quelques semaines à Séville. Je résolus de m'y rendre : c'était un voyage peu fatigant, et surtout une distraction. Mais, avant mon départ, je voulus, en sage propriétaire, m'occuper et prendre connaissance des biens que la bonté du roi venait de me rendre. Je passai donc deux ou trois jours dans un travail nouveau pour moi, celui d'examiner et de mettre en ordre les contrats et les titres qui se trouvaient dans l'appartement occupé par Carlo. Parmi ces papiers, il y en eut un qui frappa ma vue : c'était le fragment d'une lettre déchirée et anéantie. Il ne m'offrit que quelques mots ; mais

ces mots étaient de la main de Théobaldo, et récemment adressés à Carlo. Voici ce que contenait ce fragment :

» — Que veux-tu donc?... Qu'espères-tu?... insensé. Six mois de bonheur... dis-tu, et puis mourir !... Mourir, ingrat !... Et elle?... car je ne te parle plus de moi... »

» Je frémis en lisant ces mots que je ne pouvais comprendre, et qui semblaient m'annoncer de sinistres desseins, ou plutôt, mon âme, facile à s'alarmer, donnait sans doute une interprétation fatale à des phrases dont j'ignorais le sens et la portée. Mais, tout en cherchant les meilleures raisons du monde pour me rassurer, je m'effrayai moi-même, et je partis avec la crainte et le pressentiment secret de quelque malheur. Je fis pourtant une heureuse traversée. J'arrivai à Carthagène par un temps superbe. Le voyage de la cour avait donné à toute la population un air de fête. Le roi Ferdinand était à Séville, attendant la reine, qui devait l'y rejoindre après avoir parcouru les provinces voisines. Je m'arrêtai à Carthagène, où j'étais débarquée, pour m'y reposer. Mon hôtel était près de l'église, et mes fenêtres, ainsi que toutes celles de la rue, étaient tendues de tapisseries et ornées de fleurs. Une somptueuse procession allait passer; c'était le cardinal Bibbiéna qui se rendait à l'église, où il devait officier.

» — Le voilà, le voilà, me dit-on; en me montrant un dais magnifique étincelant d'or et de pierreries.

» Je jetai les yeux sur le saint ministre qui distribuait sa bénédiction à ce peuple prosterné.

» — Théobaldo ! m'écriai-je.

» — Oui, me répondit-on, Théobaldo Cecci, évêque de Nolla, le plus jeune des cardinaux et le dernier nommé par le pape Benoît. C'est le crédit de la reine qui l'a fait arriver à cette haute dignité, où l'appelaient du reste sa piété et ses talens !

» Je restai stupéfaite ! Tout ce que je voyais, tout ce que j'entendais me semblait de la magie. Le lendemain je partis pour Séville : la route était couverte de voyageurs à pied, à cheval ou en litière. A la dernière poste, on ne put me donner de mules ; il n'y en avait que quatre, et elles étaient retenues pour un grand personnage qui voyageait incognito. Il fallut bien m'arrêter. La chaleur était étouffante, le soleil était ardent, et, pour m'en garantir ainsi que de la poussière, j'avais baissé les stores de ma berline, où je me tenais renfermée, attendant qu'il revînt à la poste des mules et des muletiers. J'entendis le fouet des postillons, un équipage venait d'arriver. J'entr'ouvris les stores de ma voiture, et quand les nuages de poussière furent dissipés, j'aperçus une calèche anglaise du goût le plus élégant. Mais, comment vous peindre ma surprise et le tremblement dont je fus saisie en reconnaissant Carlo assis à côté d'une femme jeune et belle. Sa parure était simple et ses manières distinguées. Quant à ses traits, ils se gravèrent sur-le-champ dans ma mémoire pour ne jamais s'en effacer. Et, dans ce moment, je les vois encore ! En quelques minutes les voyageurs eurent relayé et repris leur course rapide. Quelques instans après, des mules arrivèrent pour moi ; et, pendant qu'on attelait, je demandai aux gens de la poste s'ils connaissaient les voyageurs qui m'avaient précédée.

» — Non, signora, reprit l'un d'eux ; mais ils sont riches et paraissent bien : ce doit être le mari et la femme.

» — Ou quelque chose de ce genre-là, ajouta avec un sourire malin un autre muletier.

» — Qui vous le fait croire?

» — Par Notre-Dame-d'Atocha ! quand on voyage ainsi en tête-à-tête ! et puis la jeune dame tutoyait le beau cavalier.

» — En vérité! lui dis-je, en sentant le cœur qui me manquait.

» — Oui; elle lui disait : « Carlo, que penses-tu de cette poussière? Ne trouves-tu pas que nous voyageons comme les dieux, dans un nuage? »

» — Assez, lui dis-je, et partons.

» J'arrivai à Séville plus morte que vive. Le muletier

m'avait conduite au plus bel hôtel de la ville, *aux Armes d'Espagne ;* et en entrant dans le riche appartement que m'offrait mon hôtesse, le premier objet qui frappa mes regards fut un portrait richement encadré. Jugez de mon trouble, ce portrait était celui de cette inconnue, de cette compagne de voyage, de cette maîtresse de Carlo dont le souvenir et les traits semblaient me poursuivre partout.

» — Quelle est cette femme ? demandai-je à mon hôtesse.

» Elle me fit une révérence et me répondit :

» — Est-il possible que la signora n'ait pas reconnu Sa Majesté la reine ?

» — La reine ! m'écriai-je en chancelant.

» Ah ! la fortune et le crédit de Carlo, le mystère qui l'environnait, ce secret terrible d'où dépendaient sa vie et sa liberté, tout était expliqué, jusqu'à sa tristesse et à ses remords !... Accablée, anéantie, n'ayant plus la force de penser, ni même de pleurer, j'ignore combien de temps je restai dans cet état. Quand je revins à moi, mon hôtesse m'apprit que j'avais été toute une semaine malade, mais que son zèle et ses soins m'avaient rendue à la santé ; elle m'apprit également que, depuis deux jours, la maison du roi et toute la cour étaient retournées à Madrid. Malgré moi, je parlai à tout le monde de la reine, et chacun me répétait, à ma grande surprise, que c'était la piété et la vertu mêmes ; qu'elle adorait son mari, lui aidait à porter le fardeau de la couronne, et ne s'occupait, ainsi que lui, que de la prospérité de l'Espagne. Craignant de laisser pénétrer le secret redoutable que seule je possédais, je hasardai, en tremblant et avec réserve, quelques mots sur Carlo. Ce nom était ignoré, personne n'en avait jamais entendu parler ; et, en Espagne comme à Londres, nul ne connaissait Carlo Broschi !

XI.

« Dès que je pus soutenir le voyage, je partis. Je me rembarquai pour Naples, mais je ne retournai pas à Sorrente, dont le riant aspect et les heureux souvenirs m'eussent été odieux. Je courus me cacher sous les sombres allées du château d'Arcos. Ses antiques tourelles, ses murailles noircies et dégradées par le temps, respiraient une tristesse qui convenait à la mienne. Une partie du château avait été bâtie sur des rochers, au pied desquels roulait un torrent furieux. Au fond de cet abîme était la mort !... Une mort certaine et le repos !... Plus d'une fois, je l'avoue, arrêtée au bord de ce précipice dont je mesurais l'horrible profondeur, j'avais eu l'intention de m'y élancer... Mais Dieu m'avait retenue ! Il m'avait semblé, au bruit mugissant du torrent, entendre la voix de Théobaldo qui m'annonçait mon châtiment et ma damnation éternelle... et, tremblante, je m'étais résignée à un supplice plus long et plus cruel..

» Il y avait un mois que Carlo était parti, et, fidèle à sa promesse cette fois, il était revenu à Sorrente au jour indiqué ; ne m'y trouvant pas, il était accouru au château d'Arcos, et si j'avais ignoré sa trahison, son trouble et sa tristesse auraient dû me l'apprendre. Trop franche pour lui cacher ma douleur, trop fière pour m'abaisser à des reproches, je lui racontai froidement ce que j'avais vu et entendu, tout en lui promettant le silence sur un secret d'où dépendait sa vie. Il me laissa parler sans m'interrompre, et lorsque j'eus fini il tira de son sein une lettre qu'il me présenta en me disant :

» — Vous ne parlerez de cet écrit à personne de mon vivant... pas même à moi. La lettre était de la main de la reine, et conçue en ces termes :

« Personne plus que vous, Carlo, n'est dévoué au roi,
» mon mari. Il n'a pas de serviteur plus fidèle, ni de con-
» seiller plus éclairé. Par ses jours que je vous dois, par le
» tendre amour que je lui porte, par l'intérêt que je prends
» à son bonheur et à la gloire de son règne, n'écoutez
» plus de vaines craintes, et bravez des préjugés que
» nous bravons nous-mêmes. Qu'importe votre naissance ?
» qu'importe votre état ? Méprisez pour nous les cris et les
» insultes de la cour, et soyez notre ministre, comme vous
» êtes notre ami.

» Je vous attends le 20 de mois à Aranjuez. »

» — C'est aujourd'hui, s'écria Carlo avec un accent passionné, et je ne suis point à Aranjuez !... Je suis ici... au château d'Arcos... près d'une amie... qui me soupçonne, qui m'accuse, et que je ne veux plus quitter.

» — Quoi ! Carlo, vous restez ?

» — Tant que je vivrai, me dit-il d'un air sombre ; tant que vous ne me direz pas : Va-t-en... car ma souveraine, c'est vous !

» — Et ce rang qu'on vous offre, et cette faveur inouïe... inconcevable ?

» — Je vous ai priée, s'écria-t-il d'un air triste, et vous m'avez promis de n'en parler à personne... pas même à moi... Les services que j'ai rendus à mon souverain, la faveur secrète dont il m'honore, tiennent à des causes que je ne puis révéler... C'est le seul et dernier secret que j'aurai pour vous, et que vous ne connaîtrez peut-être que trop tôt... Qu'importe d'ici là si vos craintes sont dissipées... et j'espère qu'elles vont l'être. Il prit la plume et écrivit :

» Madame,

» Les bontés dont mon seigneur et roi, et dont Votre
» Majesté ont comblé l'obscur et inconnu Carlo, n'ont déjà
» que trop excité l'envie, et cependant la haute confiance
» où vous daignez m'admettre était un secret qu'à peine
» on pouvait deviner ! Que serait-ce si je devenais mi-
» nistre ? Les outrages auxquels je suis en butte ne s'ar-
» rêteraient pas à moi et s'élèveraient peut-être plus haut.
» Par le dévouement que je porte à vous, madame, et au
» roi ; dans l'intérêt de sa gloire et de son règne, je le
» supplie de me retirer le poste éminent qu'il voulait me
» confier ; je n'y avais d'autre droit que mon zèle, et mon
» refus peut-être m'en rendra digne ; car, en refusant, je
» crois servir Sa Majesté. Et maintenant je solliciterai une
» autre grâce : permettez-moi de vivre et de mourir dans
» la retraite et l'ombre et dans l'obscurité, qui seules conviennent
» au pauvre et misérable Carlo. Je vous écris d'Arcos, et
» depuis le jour où Votre Majesté a daigné, à ma prière,
» faire grâce à la comtesse de Popoli, vous connaissez mes
» sentiments pour elle : sentiments insensés peut-être, mais
» qui ne finiront qu'avec ma vie, ainsi que mon dé-
» vouement et ma reconnaissance pour Votre Majesté. »

» Lorsque j'eus lu cette lettre, il la cacheta et l'envoya par un exprès.

» — Maintenant, me dit-il, conservez-vous encore des doutes ?

» Je n'ai plus que des remords, répondis-je en lui tendant la main, et d'ici à quelques jours j'espère les apaiser. En effet, il me tardait de réparer mes indignes soupçons, il me tardait surtout de reconnaître les sacrifices que Carlo venait de faire pour moi ! J'avais écrit en secret à Théobaldo, à l'évêque de Nola, ou plutôt au cardinal Bibbiéna ; car je comprenais maintenant comment il devait tous ses titres à la protection et à l'amitié de Carlo. Sans le prévenir de ce que je voulais de lui, je le priais d'accourir au plus tôt, car j'avais un service important à lui demander. J'étais sûre de le voir arriver, et en effet, quelques jours après, la voiture de Son Éminence entrait dans la cour du château, à la grande surprise de Carlo, qui ne l'attendait pas.

» Après sept années d'absence, nous nous retrouvions donc encore une fois réunis dans ce château où s'était passée notre jeunesse, dans ces lieux témoins de nos plaisirs et de notre amitié, de nos sermens et de nos rêves :

sermens que nous avions tenus, rêves qui s'étaient réalisés d'une manière si miraculeuse ! Au moment où nous entrâmes tous trois dans le salon du duc d'Arcos, dans ce salon gothique qui nous rappelait tant de souvenirs, la même idée vint nous frapper sans doute ; car nous nous tendîmes les mains et nous nous regardâmes... Quel changement, mon Dieu ! Autrefois, dans ces lieux mêmes, pauvres, malheureux et incertains de l'avenir, la joie et la santé brillaient dans nos yeux. Aujourd'hui, riches et puissans, les soucis et les souffrances se lisaient sur tous nos traits... Le mal qui me consumait avait terni mes brillantes couleurs, le front de Théobaldo était sillonné par des rides précoces, et Carlo, j'ignore par quelle raison, semblait le plus triste de nous. Les larmes aux yeux, nous nous embrassâmes tous trois en nous écriant : « Tout est changé, excepté nos cœurs. »

« — Mes amis, leur dis-je, quand ils furent assis, vous rappelez-vous qu'il y a sept ans, à pareille époque, nous étions bien malheureux ; c'était le jour où Carlo nous quitta.

» — Oui, oui, s'écria Carlo en tressaillant ; jour affreux ! jour horrible !

» — Dont le sort doit nous dédommager, continuai-je ; car jusqu'à présent il a été bien cruel pour moi, et moi, Carlo, bien injuste pour vous. Je n'ai qu'un moyen de réparer mes torts et de m'acquitter, si je le puis jamais, de tout ce que je vous dois : dans huit jours expire le temps de mon veuvage, et dans huit jours je désire qu'ici même Théobaldo nous unisse !

» Carlo, hors de lui, s'élançait vers moi pour me remercier, lorsqu'il rencontra un regard foudroyant de Théobaldo.

» — Je ne bénirai pas ce mariage, dit-il avec colère.

» — Et pourquoi ? m'écriai-je, stupéfaite.

» — Insensés tous les deux ! Ne savez-vous pas que cette union, autrefois permise, est maintenant impossible ; que tout la réprouve et vous sépare ; que la plus noble dame de Naples, la nièce du duc d'Arcos, la comtesse de Popoli, ne peut épouser...

» — Un homme sans noblesse et sans naissance ? m'écriai-je en souriant.

» — Non, reprit Théobaldo en regardant toujours Carlo, qui, les yeux attachés vers la terre, semblait atterré... Mais elle ne peut, aux yeux de toute l'Italie, épouser le meurtrier de son mari.

» Carlo poussa un cri de surprise et d'indignation.

» — Oui, poursuivit Théobaldo avec force, cette main qui a frappé le comte de Popoli ne peut s'unir à celle de sa veuve sans honte et sans infamie !... C'est proclamer aux yeux de tous l'adultère et le déshonneur... Et si tu l'aimes, Carlo, tu dois la vouloir respectée et non pas flétrie.

» — Mais le comte de Popoli, m'écriai-je, a déclaré hautement qu'il avait succombé loyalement, et dans un combat où son honneur n'était point engagé.

» — Et si, à ma prière, reprit Théobaldo, il a fait cette déclaration pour vous conserver chaste et pure dans l'estime publique ; si j'ai détourné de votre front le scandale et l'opprobre, savez-vous à quelles conditions ? Savez-vous que je n'ai pas promis, pour vous et en votre nom, que jamais votre main ne s'unirait à celle de votre complice ?...

» — L'a-t-il exigé ? m'écriai-je, tremblante.

» — Je ne puis, ministre de Dieu, révéler les paroles d'un mourant ni les secrets de la confession ; mais j'atteste ici, et ce mot doit vous suffire, que je croirais offenser le ciel en bénissant ce mariage !

» Il sortit et nous laissa dans la consternation et le désespoir.

» — Oui, me disais-je en moi-même, je ne nie pas qu'un pareil mariage ne puisse me perdre à jamais dans le monde ; mais je ne m'attendais pas à trouver en Théobaldo tant de rigorisme et de dureté !

» La voix de l'amitié aurait pu adoucir ce que la religion et le devoir avaient d'inflexible et de sévère ; il devait nous plaindre du moins, et il est parti... sans nous consoler ! Il nous savait malheureux, et, pour la première fois, il s'est éloigné sans mêler ses larmes aux nôtres ! Carlo, au contraire, quoique frappé comme moi par ce coup terrible, avait redoublé de soins et d'amour pour me le faire oublier. Il me cachait sa douleur, qui eût augmenté la mienne, et jamais il ne m'avait montré plus de tendresse et plus de passion. Trop généreux pour se plaindre ou pour m'accuser, trop pur pour me vouloir au prix de l'honneur et du devoir, je voyais les tourmens auxquels il résistait en vain ! Prêt à céder, il me fuyait ; ou bien, ivre d'amour, il tombait à mes pieds en s'écriant : Je serai ton esclave ; je passerai ma vie à t'adorer. Ma sœur, mon amie... je ne veux de toi que ton âme et ton amour !... je ne demande rien au ciel. Je suis le plus heureux des hommes !... et le bonheur avec d'autres ne vaut pas le malheur avec toi !...

» Trois mois se passèrent ainsi dans le supplice et dans l'ivresse d'une passion dont les combats épuisaient chaque jour notre courage et nos forces. Chaque jour les menaces de Théobaldo s'effaçaient de mon souvenir ; le cri de l'opinion et les murmures du monde retentissaient plus faibles à mon oreille ; la voix de Carlo m'empêchait de les entendre. Depuis quelques jours sutout je le remarquais en lui une exaltation et un délire qui m'inquiétaient ; depuis trois mois ces luttes continuelles, cette fièvre ardente à laquelle il était en proie, et que redoublaient encore l'ardeur du climat et le soleil étincelant de Naples, tout avait brûlé son sang et enflammé son cerveau. Souvent le désordre de ses discours annonçait celui de ses idées... Souvent, dans ses yeux ardens et passionnés, régnaient je ne sais quel égarement et quel sombre désespoir qui m'effrayaient.

» — Carlo, lui disais-je, ne me regardez pas ainsi...

» — Rassurez-vous, disait-il, mes souffrances sont telles, que bientôt, je l'espère, bientôt, je mourrai !... Je voulais hâter ce moment... c'est facile... je ne crains pas de me tuer... mais je crains de ne plus vous voir !

» Et, en parlant ainsi, les larmes et les sanglots étouffaient sa voix. Ah ! il disait vrai, c'était trop souffrir ; et moi, faible femme, je n'avais plus la force de lutter contre son amour et contre le mien.

» Un jour, l'air était lourd et pesant, et la chaleur étouffante ; un orage se formait du côté de la mer. Nous étions assis dans le parc, et depuis quelques instans je parlais à Carlo, qui ne me répondait plus... Je pris sa main, qui était brûlante.

» — Vous avez la fièvre, lui dis-je, une fièvre ardente ?

» — Oui, me dit-il, voilà bien des nuits que je n'ai dormi, et cela me désole... cela double mes jours... moi qui, au contraire, voudrais les abréger !

» Il y avait dans cette phrase tant de résignation et de malheur, que tout mon courage m'abandonna ; je le vis plus que Carlo que j'allais perdre ! Carlo prêt à mourir !... et tout dans mon cœur céda à cette idée.

» — Ecoute, lui dis-je, c'est assez de combats et de tourmens ! Qui peut nous condamner à en subir davantage !... Le monde, l'opinion qui nous flétrira, dit-on, si je te présente aux yeux de tous en disant : Voilà mon sauveur, mon amant, mon époux !... Eh bien ! ces mots qu'il m'eût été si doux de prononcer... pourquoi les dire ? pourquoi les avouer ? Si Théobaldo, si notre ami nous abandonne, n'est-il pas quelque autre prêtre, quelque indifférent, qui, à prix d'or, consente à nous unir en secret ?

» Carlo fit un geste de surprise et d'égarement.

» — J'ignore, continuai-je vivement, si dans nos lois une pareille union est permise ou valable... Mais elle l'est à mes yeux ; car, devant Dieu qui m'entend, que ces nœuds soient ou non formés, je le regarde comme mon époux... comme celui à qui j'appartiens... Oui, Carlo, mon honneur... c'était ma vie... et tu m'es plus cher que la vie... car, tu le vois, je t'aime... et je suis à toi !

» A ce bonheur inattendu, inespéré, Carlo poussa un cri de joie, leva les mains au ciel et tomba à mes pieds, en proie à un délire qui me fit trembler pour sa raison et pour ses jours. Habitué depuis longtemps à combattre la douleur, son cœur n'était point préparé à une si grande félicité, et, trop faible pour la supporter, il y avait succombé. Une fièvre cérébrale, une fièvre terrible s'était emparée de lui, et pendant huit jours il fut entre la vie et la mort, ne voyant, ne reconnaissant personne... pas même moi ! Au bout de ce temps, la fièvre tomba ; mais la raison n'était pas encore revenue...

» — Cela ne peut tarder, me dit le docteur ; du temps, des ménagemens... absence de bruit et d'émotions, voilà le seul régime que je lui prescris.

» En effet, le délire de Carlo n'avait plus rien d'effrayant. Il ne parlait que de son prochain mariage.

» — Elle m'aime, s'écriait-il ; elle m'aime plus que son honneur !... Elle consent à se donner à moi !... Mais quand donc cette union ?

» — Dès que vous serez rétabli, lui disais-je.

» — Ah ! ce sera bientôt, car maintenant je suis heureux.

» Et alors, dans sa brillante imagination, qui chez lui avait survécu à la raison, il me traçait un tableau enchanteur d'un ménage bien uni, des charmes de l'intimité, des douceurs de la famille. Ces rêves si doux et si séduisans étaient presque de la raison, ou du moins une folie pareille était déjà du bonheur ! Appuyé sur mon bras, il venait d'essayer le soir, dans le parc, une promenade qui lui avait fait grand bien, et nous rentrions au château, lorsque, sous le vestibule, se présenta à nous un homme qui l'attendait... C'était Gherardo Broschi... c'était son père !

» — Voilà un an écoulé, lui dit le vieillard d'une voix douce, et tu m'as permis de venir te voir tous les ans.

» — Pendant qu'il parlait, Carlo le regardait d'un air attentif, et comme cherchant à rappeler ses souvenirs. Une révolution soudaine se préparait en lui ; la raison lui revenait. Il me tendit la main avec tendresse. — Juanita, me dit-il, ma bien-aimée... Puis, apercevant Gherardo : — Mon père ! s'écria-t-il avec un accent terrible et en se frappant le front avec rage. Puis, apercevant dans le vestibule un fusil de chasse qu'on y avait laissé, il s'en empara et coucha en joue le malheureux vieillard. Je me jetai au-devant de lui en lui disant : Partez, éloignez-vous ! et il disparut dans le parc. Mais déjà à ma vue l'arme fatale était échappée des mains de Carlo.

» — Vous le voyez, me dit-il, c'est plus fort que moi. Sans vous, que serais-je en ce moment ? Parricide !... murmura-t-il à voix basse ; et frissonnant de tous ses membres, il resta quelque temps la tête cachée entre ses mains. Pour le rappeler à des idées plus douces et plus riantes, je m'approchai de lui et lui parlai des projets de notre mariage.

» — Quand donc ? s'écria-t-il.

» — Dès demain, si vous le voulez.

» Il me serra la main avec une expression de tendresse et de reconnaissance. A demain, me dit-il, et il rentra dans son appartement. Il était temps, car quelques minutes après revint Gherardo, qui voulait absolument voir encore son fils et l'embrasser.

» — Il me tuera s'il le veut, disait-il ; mais je dois le voir, il me l'a promis.

» J'eus bien de la peine à lui faire comprendre que dans ce moment sa vue pouvait faire grand mal à Carlo et le replonger dans un nouvel accès.

» — Puisqu'il le faut, dit-il en soupirant, sa santé avant tout ; qu'il vive et que je meure... Il est bien cruel envers moi... Non pas que je l'accuse, mais je l'aime tant qu'il devrait me pardonner... Allons, je m'éloigne.

» Et le vieillard fut longtemps encore à sortir du château, et longtemps il erra autour des murs. La chambre de Carlo donnait sur le torrent, et des gens de la maison avaient vu le soir Gherardo de l'autre côté du précipice, assis sur les rochers qui étaient en face des fenêtres de son fils, et cherchant encore à distinguer ou à deviner ses traits.

» Hélas ! le pauvre vieillard ne devait plus les revoir ni nous non plus ! Le lendemain, Carlo ne descendit pas à l'heure du déjeuner. Je l'envoyai avertir. Sa porte était fermée. On frappa ; il ne répondit point. On brisa la serrure ; sa chambre était déserte. Il ne s'était point couché ; mais les bougies, presques consumées, laissées sur son bureau, prouvaient qu'il avait veillé une partie de la nuit... La fenêtre qui donnait sur l'abîme était ouverte... Sur l'appui on voyait encore l'empreinte de ses pieds... Au bas de la croisée, les rochers qui bordaient le précipice étaient couverts de sang, et les eaux impétueuses du torrent avaient emporté son corps ! Il ne nous restait rien de lui... rien que ces papiers laissés sur le bureau de sa chambre... un portefeuille contenant des sommes immenses, et son testament, écrit de sa main... Il y disait en peu de mots qu'il se donnait la mort dans la crainte de devenir parricide... et qu'il me nommait héritière de toute sa fortune.

» Ainsi me fut ravi le compagnon de mon enfance et l'ami de ma jeunesse. Ainsi le sort, qui se joue de nos projets et de nos rêves de bonheur... n'a pas voulu que nous fussions unis sur la terre. Mais ne me plaignez pas, mes amis, et félicitez-moi ! Dieu a pris ma douleur en pitié ; il abrège le temps de l'exil, et bientôt, je le sens, ô mon bien-aimé Carlo ! il me permettra de te rejoindre !... »

XII.

On pense bien que pendant ce long récit la comtesse de Popoli s'était plus d'une fois interrompue, et plus d'une fois ses larmes avaient coulé en retraçant à ses jeunes amis de si pénibles souvenirs. Ce Carlo, à la fois si généreux et si étrange, d'un cœur si élevé et d'un sort si misérable, ce personnage mystérieux, qui était mort en emportant son secret, avait vivement excité la curiosité de Fernand et plus encore l'intérêt et l'émotion d'Isabelle. Son âme, enthousiaste et facile à s'exalter, concevait aisément l'amour et la douleur de Juanita ; car, pour elle, Carlo était devenu son héros et son dieu. Si elle l'eût connu, elle l'eût aimé de toutes les forces de son âme, car c'était là les passions que son cœur romanesque avaient rêvées, et à chaque instant elle interrogeait de nouveau sa sœur, et lui faisait répéter les moindres détails de son récit.

— Maintenant, mes amis, leur avait dit Juanita, vous connaissez mon sort et comprenez ma position. Tous les biens que je possède dans le royaume de Naples sont à ma sœur, je les lui abandonne ; mais ceux que j'ai acquis en Espagne avec les richesses de Carlo... je n'ai pu les accepter que comme un dépôt. J'ignore ce qu'est devenu le malheureux Gherardo Broschi... Je ne l'ai pas revu depuis la mort de son fils ; mais, s'il reparait maintenant... ou quand je ne serai plus... toute cette fortune lui appartient ! Lui seul est l'héritier de son enfant. Fernand et toi, ma sœur, vous ne l'oublierez pas... Vous me l'avez juré, et, grâce à votre promesse, vous voyez que je puis accepter sans crainte toutes les conditions du duc de Carvajal.

En effet, Juanita devait, la semaine suivante, signer le contrat tel que le duc l'avait dicté, et le jour même devait voir le bonheur des deux amans.

Mais Juanita, déjà souffrante et malade, devint si faible qu'il lui fut impossible de sortir de son appartement. Le mal avait fait depuis quelques jours des progrès effrayans, soit qu'il fût arrivé réellement à sa dernière période, soit que les émotions que Juanita venait d'éprouver, eussent porté le coup fatal à cette organisation si frêle et si tendre, qui ne vivait plus que pour aimer et se souvenir.

Isabelle, en voyant l'état de sa sœur, déclara que toute idée de fête et de réjouissance devait être éloignée ; qu'elle ne signerait le contrat et ne consentirait à ce mariage que lorsque Juanita pourrait y assister, et, au grand désespoir de Fernand, le jour des noces fut encore retardé. Sa seule consolation était d'aller voir sa fiancée, qui ne quittait plus sa sœur ; et tous les deux passaient leur journée près du lit de la pauvre mourante. Isabelle avait remarqué que le seul moyen d'appeler encore le sourire sur ses lèvres, c'était de lui parler de Carlo, et elle lui en parlait toujours.

— Je ne le reverrai plus, disait Juanita ; mais si je revoyais seulement le pauvre Gherardo !... je mourrais contente, et je porterais là-haut à mon bien-aimé Carlo la bénédiction de son vieux père.

— Patience ! disait Isabelle, il reviendra, j'en suis sûre, surtout s'il ignore la mort de son fils. Ne doit-il pas le voir tous les ans ? et pour le revoir, il reviendra toujours près de toi... certain de l'y trouver !

— Vaines illusions ! dit Juanita ; retour impossible !

— Et pourquoi donc ? pourquoi le ciel et les saints ne feraient-ils pas un miracle pour toi, ma sœur, qui es une sainte ?

— Ah ! s'écria Juanita, tais-toi !...

Et montrant du doigt la fenêtre qui était en face de son lit :

— Ma raison affaiblie me fait voir des fantômes, car, pendant que tu parlais... j'ai cru voir derrière les carreaux de cette croisée... le pauvre Gherardo. C'était lui ou son ombre qui me regardait en pleurant.

Isabelle s'élança vers la porte qui donnait sur les jardins, et entendit les pas d'un homme qui s'enfuyait. Elle fit signe à Fernand, et celui-ci, dans sa course rapide, eut bientôt rejoint le vieillard qu'il ramena, malgré ses efforts, dans la chambre de Juanita.

— C'est vous, Gherardo, s'écria celle-ci, vous qui me fuyez !

— Il le fallait, dit le vieillard tremblant, il le fallait ; sans cela aurais-je pu renoncer à vous voir ! vous que j'ai élevée, vous, la protectrice et l'amie de mon pauvre Carlo !

— Vous savez donc qu'il n'est plus ?

— Oui... oui... je le sais, dit Gherardo en balbutiant.

— Eh bien ! s'écrièrent Fernand et Isabelle, nous avons tous ici des trésors à vous remettre.

— Oui, dit Juanita, Carlo a déposé entre mes mains ta fortune.

— Qu'elle y reste, répondit le vieillard, tout ce qu'a fait Carlo est bien fait. Je ne veux rien. Je ne demande rien au ciel que de vous voir revenir à la santé.

— C'est impossible, dit tristement Juanita, mes derniers moments ne sont pas éloignés ; mais il dépend de toi de les adoucir ; reste auprès de moi, ne me quitte plus... Tu me le promets, n'est-ce pas ?

Le vieillard hésita et parut embarrassé.

— Eh quoi ! tu me refuses ?

— Je ne le puis, signora, je ne le puis.

— Et pourquoi donc ?

— On m'attend ailleurs.

— Aujourd'hui ?

— Ce soir même.

— Je te le demande au nom de ton fils, au nom de Carlo, qui nous regarde et nous entend peut-être.

— Mon Dieu ! s'écria-t-elle en joignant les mains, que n'est-il là pour fermer mes yeux, pour recevoir mon dernier soupir !

Et dans son amour, dans sa douleur, elle lui adressait des adieux si tendres et si déchirans, que Fernand et Isabelle fondaient en larmes. Quant à Gherardo, il paraissait en proie à un combat violent ; il sanglotait en se tordant les mains, et enfin, tombant à genoux près du lit de Juanita, il s'écria :

— Je n'y tiens plus... je n'y résiste plus... Quand il devrait me maudire encore ; quand il devrait cette fois me tuer tout à fait, vous le verrez, signora, vous le verrez !

— Et qui donc, dit Juanita, qui à ce mot sembla renaître à la vie, et dont les yeux ranimés et brillans ne quittaient plus ceux de Gherardo.

— Ecoutez, écoutez ! dit le vieillard, à qui l'émotion ne permettait pas de mettre beaucoup d'ordre dans son récit. J'étais assis sur des rochers au bord de l'eau. La nuit était froide ; mais je ne sentais rien... J'étais en face de ses fenêtres...'Il y avait de la lumière dans sa chambre ; et je le voyais écrire, puis marcher et se promener avec agitation, comme quelqu'un qui est en colère... C'était peut-être contre moi, mais c'est égal, je le voyais ! cela me suffisait, et je serais resté là toute la nuit. Tout à coup je vois s'ouvrir sa fenêtre, qui donnait sur le précipice... trente pieds de hauteur. Il s'élance ! moi aussi, mais de moins haut. Il roule dans le torrent, et moi aussi, car je m'étais jeté sans savoir ce que je faisais et seulement pour mourir avec lui. Mais j'aimais encore mieux le sauver, et, quoique très faible, cette idée-là doublait mes forces. Je le portai, je le traînai évanoui sur les rochers ; je le crus mort. Il s'était cassé un bras dans sa chute ; sa tête, qui avait porté sur un quartier de roc, saignait horriblement. Que faire ? que devenir ? Le jour commençait à paraître ; je remontais pour chercher au château du monde et des secours, lorsque je rencontrai sur la route une superbe berline, un grand seigneur qui se rendait chez vous, le cardinal Bibbiéna. Il m'aida lui-même à transporter jusqu'à la voiture le pauvre Carlo, qui alors seulement revint à lui. Et quand il sut ce que je venais de faire :

— Je te dois deux fois la vie, dit-il ; oublions la première, et ne pensons qu'à celle-ci.

Et il me tendit sa main défaillante, il me pardonna et il ne me maudit plus, et il m'aime maintenant ; il m'aime, moi, le pauvre Gherardo, dont il a oublié tous les torts... Mais ce n'est pas là ce dont je veux parler ; c'est de vous, signora, de vous à qui il pensait sans cesse !

— Puisqu'il me croit mort, dit-il, que je le sois toujours pour elle.

— Oui, a répondu le cardinal, pour son bonheur et pour le vôtre, qu'il en soit toujours ainsi ! Dieu le veut.

Et alors il lui a fait jurer de ne plus troubler votre tranquillité, de ne jamais vous faire savoir qu'il vivait encore. Ils me l'ont fait jurer aussi sur ma tête ; et Carlo, quand il a été rétabli, est parti pour un pays étranger, pour l'Angleterre ; mais, avant son départ, il m'a recommandé de veiller sans cesse sur vous, et je ne vous ai plus quittée, et je me cachais pour vous suivre, pour vous regarder et pour lui écrire chaque jour : « Je l'ai vue. » Mais il y a quelques semaines je lui ai écrit : « Elle est bien mal... » Alors il a tout quitté, il est revenu.

— Il est donc ici ! s'écria Juanita.

— Oui, malgré le cardinal qui est arrivé ici ce matin pour l'emmener, il est à Grenade, se cachant le jour et venant toutes les nuits dans les jardins de ce palais, sous vos fenêtres, ou m'envoyant à la découverte... C'est ainsi que tout à l'heure j'ai été surpris... et j'ai trahi pour vous mon serment.

— Dieu te pardonnera cette trahison ! s'écria Juanita ; et Carlo aussi ! Qu'il vienne, s'il veut me voir vivante !

Et pendant que le vieillard hâtait sa marche chancelante, Juanita, qui semblait avoir retrouvé son âme et son énergie, traçait rapidement quelques mots, qu'elle remit à Fernand :

— Cette lettre au cardinal Bibbiéna, lui dit-elle ; qu'on la lui fasse parvenir sur-le-champ.

Et elle pâlit... et devint tremblante ; la porte venait de s'ouvrir, et Carlo parut. Juanita, sans lui faire un reproche, étendit vers lui la main en signe de pardon ! Il se précipita sur cette main qu'il couvrit de larmes et de baisers.

— Pourquoi pleurer, Carlo, lui dit-elle, je suis heureuse... je t'ai revu ! Mais toi, qui m'aimais tant, continua-t-elle avec douceur, pourquoi m'avoir fait mourir ? pourquoi m'avoir quitté !

— Il le fallait ! s'écria Carlo en sanglotant.

— Oui, je sais qu'un secret terrible nous séparait, un secret, m'as-tu dit, qui donnait la mort... Tu peux me l'apprendre maintenant ; grâce au ciel, je puis l'entendre... Que tous tes chagrins soient les miens, que ton âme tout entière soit à moi, et les derniers momens de ma vie en seront les plus heureux !

Carlo s'approcha vivement de Juanita, mais apercevant alors sa sœur qui se tenait debout et immobile près du lit, il se pencha vers l'oreille de son amie et lui dit quelques mots à voix basse. Un éclair de joie brilla dans les yeux de Juanita.

— Ingrat, lui dit-elle, c'est en ce moment seulement que vous avez eu confiance en votre amie ! Doutiez-vous donc de son amour, et aviez-vous oublié les jours heureux passés aux rivages de Sorrente ?...

Elle s'arrêta en voyant Ferdinand suivi du cardinal Bibbiéna.

— Théobaldo, lui dit-elle, je sais tout, je vous accusai d'injustice et de rigueur quand vous remplissiez dignement les sévères devoirs d'une sainte amitié. Pardonnez-moi, mon ami...

Et elle lui tendit la main ! A ce moment, ce prêtre, à la physionomie impassible, aux traits si durs et si sévères, ne put retenir son émotion, et il se prit à fondre en larmes, lui qui semblait ne pouvoir pleurer !

— Vous vivrez, s'écria-t-il, vous vivrez, Juanita, pour le bonheur de vos amis.

— Non, je sens que l'instant fatal approche ! C'est pour cela que je vous ai fait venir.

Et le regardant avec tendresse ainsi que Carlo :

— Compagnons de mes premiers jours, j'ai voulu que vous le fussiez de mes derniers, pour que ma vie s'éteignît aussi douce qu'elle avait commencé, et maintenant que je sais tout, vous ne refuserez plus de nous unir... Que je meure sa femme ! Qu'à mon heure suprême je vous doive ce bonheur, l'espoir et le rêve de ma vie entière !

Théobaldo tressaillit, puis croisa ses mains sur sa poitrine et ses yeux élevés vers le ciel respiraient la piété, la tendresse et le désespoir. Il prit en tremblant la main de Carlo, la plaça dans la main mourante de Juanita ; puis d'une voix plus forte il prononça des paroles sacrées et appela sur eux la bénédiction de Dieu et des anges. La nouvelle mariée, tourna vers lui un regard de reconnaissance, puis elle pressa Carlo contre son cœur... et comme si elle eût expiré dans ce dernier baiser, de la main elle lui montra le ciel en lui disant :

— Mon bien-aimé... mon époux ! je vais t'attendre !...

Et Juanita n'était plus ! Les deux amis s'embrassèrent en pleurant ! puis tous deux se mirent à genoux près du lit de leur amie, et toute la nuit ils prièrent !

Pendant toute la précédente journée, Isabelle était restée pâle et glacée près de sa sœur ; depuis ce moment sa gaîté disparut, ses belles et fraîches couleurs s'effacèrent. Une sombre rêverie succéda à son indifférence habituelle.

Trois mois s'écoulèrent ainsi. Au bout de ce temps, lorsque Fernand se hasarda à lui parler de mariage, elle lui répondit :

— Je ne veux plus me marier... Je veux entrer au couvent.

Et à toutes les instances de son fiancé elle répondit :

— Je connais toutes vos qualités et vos vertus... Je vous estime et je vous aime... Mais je ne veux plus me marier, je veux entrer au couvent.

Et ne sachant comment vaincre son obstination, Fernand ne vit plus qu'un seul moyen. il résolut d'aller trouver à Madrid le cardinal Bibbiéna et Carlo.

XIII.

Fernand était décidé à partir, lorsqu'un nouvel obstacle s'éleva et rendit son voyage inutile. Le duc de Carvajal, son père, lui déclara qu'il ne consentait plus à son mariage.

— Et pour quelles raisons, mon père ? s'écria le pauvre Fernand désolé.

— Ces raisons, répondit gravement le duc, vous les connaissez comme moi. Un homme d'Etat n'a qu'une pensée et qu'un but, un noble Espagnol n'a que sa parole. Mon but était qu'à défaut de places et de dignités dont on nous a injustement dépouillés, notre maison brillât du moins par ses immenses richesses, et je vous permettais d'épouser la nièce du duc d'Arcos à condition que Juanita sa sœur ne se marierait pas et lui abandonnerait tous ses biens.

— Elle lui a laissé par sa mort tous ceux dont elle pouvait disposer, tous ceux qu'elle possédait dans le royaume de Naples, et qui sont, dit-on, très-considérables.

— C'est possible, je ne les connais pas, mais je connaissais l'hôtel et les jardins de l'Alhambra, qu'elle avait achetés en cette ville ; les immenses domaines et les riches métairies qu'elle avait acquis dans la province de Grenade et dans celle de Valence.

— Tout cela, mon père, appartenait et appartient encore à son mari.

— Justement, elle s'est mariée, et c'est ce que je lui reproche ! Se marier un quart d'heure avant sa mort !... Elle ne pouvait peut-être pas attendre !...

— Un homme qu'elle aimait ! une union qui la rendait heureuse !...

— Il ne s'agit pas de cela ; quand on a donné sa parole, et qu'on a une sœur à marier... Et puis épouser un homme obscur et inconnu... un Carlo Broschi dont personne n'a jamais entendu parler.

— Il a du moins un mérite, celui d'être riche !

— Un mérite qu'il garde pour lui. Et je jure que vous, Fernand de Carvajal, ne serez jamais le beau-frère de Carlo Broschi. Vous n'épouserez point Isabelle, je refuse mon consentement.

— Hélas ! mon père, elle refuse aussi le sien.

— Tant mieux, nous serons tous d'accord.

Et en effet, quel espoir restait au jeune homme, placé entre son père qui s'opposait à ce mariage, et sa fiancée qui ne voulait plus en entendre parler ? Au contraire, et au grand désespoir de Fernand, elle redoublait d'ardeur pour la vie religieuse. Elle était entrée comme pensionnaire au couvent de Santa-Cruz, et n'aspirait qu'au moment de prononcer ses vœux.

Une cérémonie de ce genre, une prise de voile solennelle devait avoir lieu prochainement avec grande pompe dans la ville de Grenade, et Isabelle, qui n'avait pas encore le temps prescrit pour le noviciat, désirait obtenir une dispense. Par malheur, l'abbesse de Santa-Cruz n'avait pas le pouvoir de lui accorder sa demande, et la jeune fille était désolée ; mais elle reprit courage en apprenant que le cardinal Bibbiéna devait honorer cette cérémonie de sa présence, et qu'il devait même y officier.

A son arrivée, le prélat reçut la visite du malheureux Fernand, qui venait implorer sa puissante protection auprès du duc son père, et auprès de sa fiancée.

— On peut ramener le duc de Carvajal à d'autres sentimens, lui répondit Théobaldo en souriant, ce ne sera pas la première fois qu'il en aura changé !... Mais cette jeune fille ! Il est difficile et peut-être peu convenable à moi de la détourner d'entrer en religion, surtout si c'est une vocation décidée.

— Ce n'en est pas une. Elle a été élevée au couvent, qu'elle détestait, et depuis trois mois elle veut y retourner.

— Pour quel motif ?

— Je l'ignore.

— Elle vous aimait cependant.

— Elle m'aime toujours, elle me le dit ; mais elle ne veut plus m'épouser, elle veut rester fille.

— Et la raison ?

— Dieu seul le sait... Et vous, mon père, pourrez peut-être le savoir !

— Ah ! dit Théobaldo en secouant la tête, Dieu ne nous dit pas ces secrets-là.

Il se trompait. Le ciel lui-même allait lui révéler celui-ci, ou l'aider du moins à le connaître. L'abbesse de Santa-Cruz lui présenta le lendemain la supplique d'une de ses pensionnaires qui demandait qu'on abrégeât pour elle le temps du noviciat, et priait le saint prélat de vouloir bien l'entendre en confession. Cette supplique était signée Isabelle d'Arcos. On se doute que le cardinal se rendit à ses vœux. La pauvre enfant tomba à ses genoux et lui ouvrit son cœur tout entier. Elle voulait se réfugier dans le sein de Dieu pour sauver son âme, pour se soustraire à un amour irrésistible et soudain qui la poursuivait. C'est Carlo qu'elle aimait! C'est lui seul qu'elle eût voulu épouser; et comme elle ne voulait pas faire ce chagrin à Fernand qui ne le méritait pas, il fallait qu'elle se fit religieuse. Non pas qu'elle n'aimât bien aussi Fernand son fiancé, mais d'un amour trop naturel et trop raisonnable. Avec lui, il est vrai, tous ses jours eussent été tranquilles et sereins, c'eût été du bonheur... Mais à ce bonheur uniforme, à ce calme des sens, elle préférait les émotions et les orages de l'âme. Elle eût presque envié les tourmens et le sort de sa sœur ; et dans ses idées romanesques, elle regardait le couvent comme un asile assuré où elle pouvait être malheureuse à son aise.

Le cardinal eut bientôt compris combien devaient être vives, dangereuses et peu durables les résolutions de ce caractère ardent et exalté, et d'un seul coup d'œil, il vit le remède qui convenait à cette imagination malade.

— Mon enfant, lui dit-il avec bonté, c'est à moi de vous sauver, et je le ferai même malgré vous s'il le faut. Vous ne serez point religieuse, et vous épouserez Fernand de Carvajal, charmant et aimable gentilhomme qui fera votre bonheur.

— Jamais !... on voudrait en vain m'y contraindre.

— C'est vous qui le choisirez et qui lui donnerez votre main...

— C'est impossible, je penserais toujours à Carlo !

— Carlo lui-même vous forcera bien à l'oublier !

— Plût au ciel ! s'écria-t-elle en pleurant ; mais je l'en défie, mon père, et vous aussi.

Théobaldo partit sans accorder à Isabelle ce qu'elle demandait, et celle-ci maudissait la tyrannie qui retardait son esclavage et l'empêchait de s'enchaîner à l'instant même. Mais son indignation ne connut plus de bornes en apprenant un acte bien autrement injuste et arbitraire.

La caméréra-major envoya à l'abbesse de Santa-Cruz la défense de recevoir dans son couvent Isabelle d'Arcos, et l'ordre de partir à l'instant même avec elle pour Madrid, où elles étaient mandées toutes deux par la reine. Il fallut obéir.

Le même jour, le duc de Carvajal recevait du ministre une lettre qui lui enjoignait de se rendre à la cour pour donner des explications sur sa conduite.

Cette missive n'était rien moins que rassurante, car, dans sa haine contre le premier ministre La Ensenada et les principaux membres du conseil de Castille qui l'avaient destitué, le duc de Carvajal ne ménageait pas toujours ses expressions, et, rassuré qu'il était par la distance, se permettait souvent des épigrammes plus ou moins spirituelles qui ne devaient jamais franchir les portes de son hôtel, et qui, à sa grande surprise ainsi qu'à son effroi, avait retenti jusqu'à Madrid. Il se mit en route accompagné par son fils, qui ne voyait dans cette disgrâce qu'un bonheur, celui de se rendre dans la ville où allait habiter Isabelle !

XIV.

L'Espagne était alors un des Etats les plus florissans de l'Europe. Sous l'habile administration de Ferdinand VI, qu'on avait surnommé le Sage, le commerce et l'agriculture commençaient à fleurir. Des manufactures s'élevaient. Les Espagnols, auparavant tributaires de l'industrie des autres nations, voyaient abonder chez eux les matières premières et les productions des arts. Les sciences et les lettres reprenaient un nouvel essor, et, comme dans tous les royaumes riches et heureux, la capitale était devenue une ville de luxe et de plaisirs. Les fêtes et les divertissemens se succédaient à la cour, et l'on venait d'établir dans le palais de Buen-Retiro un théâtre italien, où avaient été appelés les premiers artistes et les premiers chanteurs du monde. Par malheur, la faible santé du roi et les maladies de cerveau auxquelles il était sujet faisaient craindre à chaque instant pour ses jours ou pour sa raison, et lui laissaient habituellement une mélancolie et une humeur noire que ne pouvaient toujours dissiper les soins et la tendresse inquiète de sa jeune femme, la princesse Marie-Thérèse de Portugal, dont il était sincèrement aimé. C'était pour le distraire qu'elle multipliait autour de lui les bals, les spectacles et les carrousels ; aussi est-il inutile de dire que les étrangers affluaient de toutes parts dans la capitale, qui voyait par leur présence doubler encore sa splendeur et sa richesse, et nos voyageurs eurent grand'-peine à se loger convenablement. Le duc de Carvajal et son fils trouvèrent enfin un appartement à la porte Del Sole, dans un brillant hôtel qui n'était fréquenté que par des grands seigneurs. Le jour même de son arrivée, le duc se présenta à la cour et ne put voir le roi. Le lendemain, de grand matin, il sollicita une audience, et il lui fut répondu que Sa Majesté ne recevrait pas de la semaine. Furieux d'un affront dont souffrait vivement sa fierté espagnole, le duc en sortant du palais entra pour déjeuner dans un riche café où se pressait une foule nombreuse qui prenait du chocolat ou lisait les papiers publics. Debout près du braséro, un homme se plaignait à haute voix des ministres et de la cour. Le duc n'aurait pas osé commencer l'attaque, mais il se sentit l'audace de la soutenir par son silence approbatif, et il écouta la conversation avec une satisfaction intérieure dont sa mauvaise humeur se trouva sensiblement soulagée.

— Oui, messieurs, disait un petit homme couvert d'une perruque poudrée à frimas, et dont l'habit était bariolé de croix et de cordons, je ne crains rien, et je parle tout haut... Croiriez-vous que moi, grand d'Espagne, comte de Fonseca, marquis de Pirego, j'ai fait antichambre deux heures chez le roi !

— Comme moi, se dit tout bas Carvajal.

— J'allais demander à S. M. l'ordre de Calatrava qu'on me refuse, le seul qui me manque... ce qui est une injustice. « S. M. ne reçoit personne, me dit l'officier des garde, S. M. est souffrante, et les grandes et petites entrées sont interdites. » A l'instant même paraît un homme, fort joli cavalier, j'en conviens, vêtu fort simplement, et portant l'ordre de Calatrava... Il se présente... toutes les portes lui sont ouvertes, et il entre chez le roi sans même dire son nom.

— C'est sans doute l'infant, frère de S. M.? demandai-je.

— C'est Farinelli, me répondit l'officier des gardes qui tenait encore respectueusement son chapeau à la main.

— Quoi ! m'écriai-je, Farinelli !... ce musicien !... ce chanteur italien... est décoré de l'ordre de Calatrava, que l'on me refuse... et il est admis chez S. M. pendant que je fais antichambre, moi, grand d'Espagne !... comte de Fonseca, marquis de Pirego ! Concevez-vous cela, messieurs ? Et dans quel temps vivons-nous ?

— Dans un temps où l'on rend honneur au mérite et au talent, s'écria un homme en pourpoint de velours rouge, qui humait lentement et avec délices sa tasse de chocolat.

— Qu'on le récompense comme chanteur, j'y consens, répondit un jeune hidalgo qui arrangeait devant une des glaces du café les boucles de sa chevelure et son jabot de riches dentelles. Qu'on le couvre d'or, on a raison, car c'est la voix la plus admirable, la plus étonnante qu'on ait jamais entendue, et quand il chante, ce qui lui arrive rarement, je ne donnerais pas pour mille écus ma stalle à la chapelle du roi ; mais qu'il soit le favori de LL. MM. qu'il dispose à son gré des honneurs, des places et des pensions, qu'il ait, dit-on, voix au conseil, voilà qui est immoral, qui est absurde !... Et il ne manquerait plus que de le nommer hautement premier ministre !

— On le lui a proposé, dit gravement l'homme au pourpoint de velours rouge, et il a refusé... Garçon, encore une tasse de chocolat !

— Lui ! ministre ! s'écria le marquis de Pirego dans un accès de fureur auquel le duc de Carvajal s'associa froidement par un signe de tête presque imperceptible... lui, ministre !

— Eh ! pourquoi pas !

— Et perchè no ? s'écria, à la table en face, un seigneur richement vêtu, qui portait à tous les doigts des bagues en diamans, et qui baragouinait l'italien. Loui, ministre ! c'est joustice, et c'est trop peu encore !... Avec oune voix pareille on devrait être prince..., on devrait être roi ! Il y en a tant qui ne le valent pas ! Z'arrive du Brandebourg, messieurs, autrement dit le royaume de Prousse, où ils ont mis là sur le trône oun homme qui n'a pas deux notes joustes dans la voix ! oun homme qui joue de la flûte comme un misérable !... Et ils le nomment Frédéric le Grand ! Et on s'indigne que mio amico Farinelli il soit ministre !... loui ! le maître et le diou de la musique, descendou sur la terre !... loui ! qui devrait être maître de chapelle dans les cieux, à chanter avec les anges, si toutefois ceux-là ils étaient dignes de faire sa partie... et ze le dis, perchè ze m'y connais, et que l'autre jour encore, devant le roi, mon bon ami Farinelli a dit à LL. MM., en me présentant à elles : Voici le premier chanteur de l'Europe ! A quoi z'ai répondu : Tou en as menti, c'est toi !

A son enthousiasme et à son originalité, tous les assistans avaient reconnu le célèbre Caffarelli, qui, sur la proposition de Farinelli, venait d'être appelé à Madrid pour chanter au Théâtre-Italien avec cinquante mille ducats d'appointemens.

— Signor Caffarelli, lui dit le jeune hidalgo, je conçois qu'un homme tel que vous soit estimé et considéré par nous autres *hommes*... mais ce chanteur qui n'est rien... qu'un chanteur !... ce beau et séduisant cavalier dont toutes les dames raffolent, sans doute parce qu'il est de leur sexe plus que du nôtre...

— Eh ! par Notre-Dame del Pilar ! s'écria avec indignation l'homme au pourpoint de velours rouge, lui ferez-vous un crime de son malheur ? Est-ce sa faute à lui, si quand il venait au monde, un père odieux et infâme l'a mutilé d'une main mercenaire, bâtissant ainsi sa fortune à venir sur l'opprobre et la honte de son enfant ?

— Perdonnate, signor, si ze prends la défense d'il suo padre, que ze connais ! Musicien lui-même et passionné per la musica, il se serait fait tuer pour oune cavatine. Il adorait, il adore son fils ; il n'existe que pour lui, et, s'il a été odioux ou crouel, c'était en conscience et par amour paternel, croyant faire, non sa fortune, mais celle de son enfant. Et le pio étonnant, c'est qu'il a été forcé par la misère de quitter son fils en bas-âge, et que le pauvre Farinelli a ignoré complétement jusqu'à dix-huit ans le beau talent et la souperbe voix qu'il avait. C'est son père qui, en revenant de la Sibérie où il avait pensé périr, est accourou tout joyeux per loui dire : « Mio caro figlio, tu dois à ma tendresse une fortune immense et certaine. » Et en apprenant ce bonheur, son fils a voulu tuer son père et lui-même après !... Heureusement, il n'en a rien fait... Dans son désespoir, il s'était banni, il s'était enfui de Naples sa patrie, et se trouvant en pays étranzer, sans un maravédis, sans aucun moyen d'existence, il quitta son véritable nom, prit celui de Farinelli qu'il devait rendre à jamais célèbre, et se mit à chanter pour vivre... et bientôt il vécut riche et honoré, car toutes les cours, tous les souverains de l'Europe se disputèrent le bonheur de l'entendre. Zamais aussi merveilles semblables n'avaient été opérées avant loui par la voix humaine ; il a renouvelé et rendu possibles les miracles du chanteur Linus et du ténor Orphée, qui charmaient, dit-on, et apprivoisaient par leurs cavatines les bêtes sauvages des forêts ! Farinelli ! il a fait plus... il a charmé, trompé, séduit des caractères plus féroces encore ; les envieux qu'il avait à la cour, ses ennemis, ses rivaux... moi-même, messieurs !... moi ! il famoso Caffarelli... voici ce qui m'est arrivé avec loui, voici comment je l'ai connu :

A ce moment l'attention redoubla et toutes les têtes s'avancèrent pour écouter le chanteur qui, dans son baragoin italien, continua ainsi :

— Z'étais à Lonfres, où Sa Majesté le roi Georges et tous les seigneurs d'Angleterre ils m'accablaient, ze peuis le dire, d'honneur et de guinées ; car zusque-là ze n'avais zamais eu de rivaux. On parlait bien d'oun zeune homme que vous nommait Farinelli et qui avait quelque réputation, et le roi et la reine eurent l'envie de nous entendre ensemble... C'était tout natourel de vouloir comparer le maëstro et l'écolier. Nous chantâmes ensemble à la cour, *Arthour de Bretagne*, oune grande scène mousicale où ze faisais oun tyran farouche, et Farinelli oun zeune prince qu'il avait enchaîné, et que le tyran il envoyait à la mort. Ze commençai, et ze chantai d'abord ma cavatine du tyran... C'était souperbe... c'était oun tyran comme on n'en n'avait zamais entendu... oun moelleux... oun gracieux qui auraient donné à tout le monde et au roi lui-même l'envie d'être tyran. Aussi, et pendant un quart-d'heure, ze fus couvert d'applaudissemens, et ze disais en moi-même avec joie : Pauvre zeune homme ! te voilà perdu... z'en souis fâché per toi, mon bon ami !... Farinelli commença... et bientôt on n'applaudissait piou... on pleurait ! et quand j'entendis cette voix si souave et si touzante, ces accens délicioux qui m'allaient jusqu'à l'âme... je ne vis plus qu'oun pauvre zeune homme qui, les mains étendues vers moi, me suppliait de loui laisser encore la loumière du soleil qui était si douce à voir !...

Lascia mi ancora veder il sole...

disait-il, et moi, imprudent que z'étais, ze l'écoutais, z'oubliais mon rôle. Ze courus à lui, ze détachai ses fers... et l'embrassai en sanglotant ! Dès ce moment, et grâce à moi, sa réputation elle fut faite. Caffarelli avait proclamé louimême son vainqueur !... Mais ce voisin gagnait oun ami dont le cœur et la cassette ils ont toujours été ouverts per moi ! Les grandeurs ne l'ont point changé ! Qu'il soit homme d'Etat ou ambassadeur, z'arrive sans me faire annoncer jusque dans son cabinet, et ce grand ministre il interrompt souvent son travail per chanter oun duo avec son ancien ami. Quand ze dis oun duo..., oun solo ; car souvent, comme autrefois, z'oublie ma partie pour écouter la sienne.

— Bravo ! bravo ! s'écria le marquis de Pirego avec ironie et en applaudissant comme au théâtre, bravo ! signor ; mais vous qui savez tout, pourriez-vous nous dire comment Son Altesse le prince Arthur de Bretagne, à qui vous avez donné la vie, s'est trouvé tout à coup ministre influent et conseiller intime du roi d'Espagne ? comment votre ami le chanteur est devenu homme d'Etat et employé dans des missions secrètes et importantes auprès des différens souverains de l'Europe ?

— Probablement, répondit Caffarelli d'un air goguenard, per entretenir avec eux la bonne harmonie. Ma, du reste, z'ignore complétement la cause de sa fortune politique.

— Cela doit se rattacher à quelque grand mystère, dit le marquis de Pirego.

— Je le pense comme vous, répondit le duc de Carvajal à demi-voix et d'un air capable.

— Non, messieurs, s'écria l'homme au pourpoint de velours rouge, qui venait d'achever sa seconde tasse de chocolat, et qui savourait en ce moment le verre d'eau indispensable ; non, messieurs ; et si vous tenez à connaître la cause de son élévation, je puis vous la dire, car j'en ai été le témoin.

— C'est quelque grand seigneur, murmura-t-on à voix basse.

— C'est le président du conseil de Castille, dit le jeune hidalgo au duc et à ses voisins d'un air d'importance ; je le connais.

— Non, seigneur cavalier, vous ne me connaissez pas ; je suis Rodrigue Moncenigo, barbier de Sa Majesté !

Le duc de Carvajal remit sur sa tête son chapeau qu'il venait d'ôter.

— Dans les commencemens de son règne, le roi, notre auguste maître, était tourmenté d'une maladie que rien ne pouvait guérir ; le seigneur Xuniga, médecin de la cour, y avait perdu son latin ; et tout ce qu'il avait pu découvrir, c'est que cette affection avait beaucoup de rapport avec une maladie inventée, disait-il, par les Anglais, et qu'il appelait le *spleen*. Déjà deux fois, et sans motif, le roi avait voulu attenter à ses jours, et, malgré le désespoir de la reine et les exhortations du père Anastasio, confesseur de Sa Majesté, tout faisait craindre que notre auguste maître ne finît par exécuter un projet qui devait consommer sa perte dans ce monde et dans l'autre ! Déjà depuis un mois il s'était renfermé dans sa chambre, où il ne voulait voir personne, excepté la reine ; et, malgré les prières et les instances de celle-ci, il repoussait tous les soins qu'on voulait lui donner, même ceux les plus utiles à son bien-être et à sa santé : ainsi il s'était constamment refusé à changer de linge et à se laisser raser ! Il ne pouvait plus me voir ; il m'avait congédié et cassé aux gages, moi son barbier, moi père de cinq enfans, et qui n'avais d'autre fortune que ma charge. Nous étions tous désolés ; la reine aussi. Elle adorait son mari, dont elle voyait la vie et la raison s'éteindre dans cette sombre et noire mélancolie, et elle ne savait par quel moyen sauver ses jours, lorsqu'elle pensa à Farinelli, dont la voix, disait-on, produisait des miracles. Elle le supplia de venir à Madrid, et on le plaça dans une chambre voisine de celle de Sa Majesté. Aux premiers accens de cette voix céleste, le roi tressaillit. « C'est la voix des anges ! » dit-il. Et il écouta attentivement ; puis, ému, attendri, il tomba à genoux et pleura, ce qui ne lui était pas arrivé de toute sa maladie. « Encore ! dit-il, encore ! Que j'entende ces accens qui m'ont soulagé et rendu à la vie ! »

Farinelli se remit à chanter, et le roi, tout à fait revenu à lui, se jeta dans les bras de la reine, puis, s'élançant dans la chambre voisine, il embrassa Farinelli en lui criant : « Mon ange sauveur, qui que tu sois, demande-moi ce que tu voudras, je te le donne, je te l'accorde ; demande ! »

Et Farinelli répondit :

« Je demande, Sire, que Votre Majesté change de linge et se laisse raser !... »

Dès ce moment, moi, Rodrigue Moncenigo, barbier du roi, je fus rétabli dans mes fonctions ainsi que dans les droits et honneurs de ma charge. Et la reine, se faisant apporter une croix de Calatrava, après en avoir obtenu la permission de son époux, l'attacha de sa propre main à l'habit de Farinelli. Voilà, continua le barbier en regardant le marquis de Pirego, comment il en a été décoré. Dès ce moment, Farinelli ne quitta plus le roi de chevet,... Dès que la mélancolie ou les vapeurs noires semblaient vouloir renaître, il chantait, et soudain la souffrance était dissipée. Voilà comment notre maître en fit son ami... Mais quand il eut découvert que ce chanteur admirable était un des hommes les plus instruits de l'Europe, qu'il possédait toutes les langues, que la richesse et la vivacité de son imagination égalaient la profondeur et la solidité de son jugement, que la rapidité de son coup d'œil lui faisait embrasser, développer et résoudre en un instant les questions les plus difficiles, il se demanda pourquoi il serait défendu à un artiste d'avoir, dans les affaires, du talent, de l'habileté et du génie ; il se demanda pourquoi il ne ferait pas son conseiller et son ministre de celui qui était déjà son sauveur et son ami... Quand je dis son ministre, il en a les fonctions et n'en eut jamais le titre ; car, modeste et désintéressé, Farinelli ne voulut rien que servir son roi... Seul parvenu à qui la fortune n'ait pas fait tourner la tête, il s'est toujours rappelé ce qu'il était, et ne s'est jamais oublié lui-même. Je n'en dirai pas autant des nobles seigneurs de la cour et des grands d'Espagne qui sont presque tous à ses pieds ; et l'un d'eux, que je ne vous nommerai pas, lui demandait dernièrement devant moi sa protection et sa faveur avec tant de bassesse que j'en étais honteux, et Farinelli aussi sans doute, car, pour remettre tout le monde à sa place, l'artiste répondit avec douceur et modestie :

« Mon Dieu ! monsieur le duc, que peut faire, pour un grand seigneur tel que vous, un pauvre chanteur tel que moi ?... lui chanter une cavatine, et me voici à vos ordres. »

Du reste, messieurs, continua le barbier, ce pouvoir remis en ses mains, comment s'en est-il servi ? Pour protéger les arts, pour raviver le commerce et l'agriculture, pour élever des fabriques et encourager l'industrie, pour rendre notre patrie florissante au dedans et respectée au dehors. Le premier il a osé, dans l'armée espagnole, donner au courage et au talent militaire des grades supérieurs, qui jusque-là étaient réservés à la naissance et à la noblesse... J'avais un fils, messieurs, qui avait reçu trois blessures en combattant les Impériaux ; un fils qui, à la bataille de Bitonto, avait enlevé de sa main et rapporté un drapeau ennemi au marquis de Montemart, notre général ; et ce fils était capitaine depuis dix ans, et il le serait resté toute sa vie parce qu'il était d'un sang roturier, parce que son aïeul, Sancho Moncenigo, mon père, était barbier de village. — Ce n'est pas juste, me dit Farinelli. — Et le soir même, dans le cabinet du roi et de la reine, il leur lisait des vers français d'un poëte qui commence à être célèbre, un nommé monsieur de Voltaire, que Farinelli déclamait avec chaleur et enthousiasme, surtout quand il en fut en cet endroit :

Qui sert bien son pays n'a pas besoin d'aïeux.

— Un beau vers ! dit le roi.

— Oui, Sire, répondit Farinelli, et il serait plus beau encore de le mettre en action :

Et il parla de mon fils en disant qu'il y avait deux régimens vacans : celui de la reine et celui d'Astorga.

— Soit, dit le roi ; je donne ce dernier à Rafaël Moncenigo !

Et avant-hier, continua le barbier avec un sentiment de joie et d'orgueil paternels, mon fils a reçu son brevet ! mon fils est colonel !...

— Par une horrible injustice et un passe-droit infâme ! s'écria un vieux militaire qui venait d'entrer depuis quelques instans dans le café.... Moi, comte de Fuentes, qui suis le plus ancien lieutenant-colonel, j'avais des droits plus que tout autre à un régiment, par ma naissance et les services que j'ai rendus au feu roi Philippe V, pour qui je me suis ruiné pendant la guerre de la Succession. Mais on me repousse, on me tient à l'écart, et pourquoi ?... Parce que je déteste le règne des favoris et des eunuques, parce que je suis l'ennemi de Farinelli, que je le dis hautement, hier encore devant lui, pendant qu'il traversait la salle des gardes. Oui, il m'a fait une injustice, un affront, c'est un infâme... Je le dirai devant le monde entier...

— Pas devant moi, du moins, dit un jeune homme qui venait aussi d'entrer dans le café ! C'était Rafaël Moncenigo, qui portait fièrement ses nouvelles épaulettes de colonel.

Le barbier voulut s'élancer et retenir son fils.

— Non, mon père, laissez-moi ; tant que ma main pourra porter une épée, on n'outragera pas impunément Farinelli en ma présence, et monsieur me rendra raison.

— A l'instant même ! s'écria le comte de Fuentes ; et, aux acclamations de tout le café, les deux adversaires allaient sortir, lorsque le domestique du comte, qui arrivait de son hôtel, lui remit un paquet cacheté qu'on venait d'apporter pour lui, et qui était, dit-on, très-pressé.

— Lisez, monsieur ! s'écria Rafaël avec hauteur, nous avons le temps. Et à mesure que le lieutenant-colonel parcourait cette épître, il changeait de couleur, il tremblait ; tout décelait en lui une vive agitation et une lutte violente. Enfin, et comme prenant une noble résolution, il s'approcha du jeune homme qui l'attendait fièrement.

— Monsieur, lui dit-il, et quoique ce mot puisse coûter à un Espagnol... j'ai eu tort ! C'est moi qui serais un infûme si j'osais maintenant tirer l'épée dans un pareil combat : lisez ; et le jeune homme lut à haute voix :

« Monsieur le comte,

» Vous êtes mon ennemi, je le sais, et, à ce titre, je vous dois plus de justice qu'à tout autre. J'ai examiné vos droits, je les ai reconnus et je les ai fait valoir auprès du roi. Il vous accorde le premier régiment de l'armée, celui de la reine... Et comme je vous ai entendu, hier, dire que vous n'étiez pas riche, je vous prie, pour monter vos équipages, de vouloir bien accepter la lettre de change ci-jointe, dont vous me rendrez le montant quand vous voudrez. Cela n'enchaîne en rien votre indépendance, et vous laisse toute liberté... même celle de me haïr !

» *Signé* : FARINELLI. »

Il y a pour les actions nobles et généreuses un élan sympathique qui est de toutes les opinions et de tous les partis ; chacun applaudit ; les deux adversaires se donnèrent la main, et le comte de Fuentes sortit, sans doute pour aller remercier son généreux ennemi.

— Voilà de mes hommes à caractère, dit le marquis de Pirego, la moindre faveur le fait changer, et maintenant ce sera une des créatures les plus dévouées du favori.

— C'est fâcheux, répondit le duc de Carvajal ; mais puisqu'on n'obtient rien que par lui...

— N'importe, c'est honteux pour un homme du rang et de la naissance du comte de Fuentes.

— Vous avez raison ; j'en rougis pour la noblesse espagnole. Et tous deux, en témoignage d'estime, se donnèrent la main en se séparant.

Le marquis de Pirego se trouva par hasard, en sortant, à côté de Rodrigue Moncenigo.

— Ne pourriez-vous pas, seigneur barbier, lui dit-il tout bas, parler de moi à Farinelli ?

Pendant ce temps, le duc de Carvajal avait pris le bras de Caffarelli, lui demandant à demi-voix si, par son crédit, il ne pourrait pas obtenir une audience du favori.

— Ze vi le promets, répondit l'artiste avec un air de protection. Et, dès le soir même, le duc lisait à son hôtel le billet suivant :

« Farinelli aura l'honneur de recevoir demain, avant la messe, monseigneur le duc de Carvajal et don Fernand son fils, dans le cabinet particulier de la reine. »

Il est inutile de dire que tous deux arrivèrent les premiers au rendez-vous. Ils se trouvèrent dans un boudoir fort élégant qui servait à la reine de salon de musique, et furent très étonnés lorsqu'un instant après eux entrèrent l'abbesse de Santa-Cruz et Isabelle d'Arcos. Fernand n'eut pas le temps de lui demander l'explication de cette étrange rencontre ; car une porte dorée s'ouvrit, et la caméra-major annonça la reine Maria-Thérésa, qui parut, s'appuyant sur le bras du cardinal Bibbiéna, confesseur du roi.

— Duc de Carvajal, dit la reine, j'ai voulu vous annoncer moi-même qu'à l'occasion du mariage de votre fils avec Isabelle d'Arcos, le roi vous rend tous les emplois dont vous aviez été privé, et y joint le gouvernement de Grenade.

Tous les acteurs de cette scène restèrent immobiles de surprise, excepté Fernand qui poussa un cri de joie. Le duc s'inclina en signe de consentement et de reconnaissance, et Isabelle, cherchant à surmonter son trouble, prit seule la parole, et balbutia d'une voix tremblante :

— Votre Majesté ignore... et Son Eminence monseigneur le cardinal a dû lui dire...

— Que ce mariage est convenu avec Farinelli, reprit la reine ; et Isabelle resta stupéfaite. Plusieurs fois, surtout depuis son arrivée à Madrid, elle avait entendu parler du favori, de son crédit et de ses aventures ; mais elle ne l'avait jamais vu, et l'avoua ingénument à la reine.

— Impossible, répondit celle-ci, car il prétend avoir sur vous des droits, celui de vous marier et de vous doter, comme étant maintenant votre seul parent... Voyez plutôt, continua-t-elle en lui montrant un parchemin qui était sur la table... voyez ce contrat où il vous donne une partie de sa fortune.

— Nous sommes réunis ici pour le signer, dit froidement le cardinal, et nous n'attendons plus que Farinelli...

— Le voici, dit la reine, en tendant la main à un homme qui parut à la porte d'entrée.

— Carlo ! s'écrièrent à la fois Fernand et Isabelle.

— Oui, mes amis, Carlo Broschi... ou plutôt Farinelli... Et maintenant que vous me connaissez, dit-il avec effusion et en échangeant avec Théobaldo un regard d'intelligence, ma chère Isabelle... ma sœur... refuserez-vous d'épouser Fernand, qui vous aime... et qui est digne de vous ?

La jeune fille baissa les yeux dans un trouble inexprimable... puis les releva d'un air confus vers Fernand, à qui elle tendit la main.

Le lendemain le mariage eut lieu dans la cathédrale de Madrid ; et la foule était compacte, car on avait dit que LL. MM. honoreraient de leur présence la bénédiction nuptiale, qui devait être donnée par le cardinal Bibbiéna Théobaldo, confesseur du roi ; et ce qui excitait encore bien plus la curiosité publique, on disait que Farinelli devait chanter. En effet, d'une des tribunes placées près de l'orgue, on entendit tout à coup une voix pure et mélodieuse qui semblait descendre du ciel, et cette multitude tumultueuse et bourdonnante fit tout à coup un silence immense. Jamais cette voix, qui avait produit tant de prodiges, n'avait été plus tendre, plus pathétique, plus pénétrante. Elle respirait les larmes et la douleur, elle semblait s'élever dans les régions célestes et s'adresser à des êtres invisibles qui habitaient un autre monde.

« Voyez, disait-il, voyez sur les nuages l'ange qui nous contemple et nous bénit ! Ange bien-aimé qui habites les cieux... Vierge pure retournée dans ta patrie, quand ta voix céleste que j'implore dira-t-elle : Viens ! je t'attends... viens !... viens !... »

Et au milieu du silence qui régnait dans l'église, l'écho de la voûte sonore, répétant ces accens, murmura plusieurs fois dans le lointain : Viens !... viens !... A cette voix qui semblait descendre du ciel et lui répondre... Farinelli, succombant à ses émotions, tendit les bras en sanglotant et tomba évanoui.

La cérémonie fut interrompue. Théobaldo courut à son ami, le fit monter dans sa voiture, dont il baissa les stores, et s'éloigna lentement au milieu de la foule qui retardait leur marche, pendant que Carlo, tournant vers son ami des yeux baignés de larmes, lui disait :

— Y eut-il jamais au monde mortel plus misérable !

— Oui, lui dit Théobaldo en lui serrant la main, oui, il en est ! Que cette idée te console et t'empêche de maudire la Providence.

— Quoi ! perdre celle qu'on aime ! en être aimé et ne pouvoir lui appartenir !

— Tu étais aimé, du moins !... Et si tu avais été témoin de son amour pour un autre ; si, aussi fortes que les lois de la nature, celles du devoir et de la religion avaient élevé entre vous une barrière insurmontable ; si, confident de sa tendresse pour un rival, pour un ami, tu avais constamment veillé sur eux ; si enfin, ô tourmens de l'enfer ! tu les avais unis de tes mains, te croirais-tu encore le plus malheureux des hommes ?

— Quoi ! s'écria Carlo épouvanté, ces tourmens dont tu parles...

— Je les ai tous éprouvés.

— Et tu as pu les supporter et nous les cacher ! Qui donc t'a donné ce courage !

— Dieu et l'amitié !

Et les deux amis se précipitèrent en sanglotant dans les bras l'un de l'autre.

Et le peuple, qui sans les voir entourait leur voiture, répétait : Qu'ils sont heureux !

FIN DE CARLO BROSCHI.

Paris. — Imprimerie de Louis Grimaux et Compagnie, rue du Croissant, 16.